Kruidige Smaken

Een Ontdekkingsreis door de Indiase Keuken

Aarav Mehta

Samenvatting

Groentetaartjes

Voor 12

ingrediënten

2 eetlepels arrowrootpoeder

4-5 grote aardappelen, gekookt en geraspt

1 eetlepel geraffineerde plantaardige olie, plus extra om te frituren

125 g Besan*

25 g vers geraspte kokosnoot

4-5 cashewnoten

3-4 rozijnen

125 g gekookte diepvrieserwten

2 theelepels gedroogde granaatappelpitjes

2 theelepels grof gemalen koriander

1 theelepel venkelzaad

½ theelepel gemalen zwarte peper

½ theelepel chilipoeder

1 theelepel amchouri*

½ theelepel grof zout

Zout naar smaak

methode

- Meng de arrowroot, aardappelen en 1 eetlepel olie. Aan de kant zetten.

- Om de vulling te bereiden, mengt u de overige ingrediënten behalve de olie.

- Verdeel het aardappelmengsel in ronde gehaktballetjes. Plaats een lepel vulling in het midden van elke cake. Sluit ze als een zak en maak ze plat.

- Verhit de resterende olie in een pot. Bak de gehaktballetjes op laag vuur goudbruin. Heet opdienen.

Bhel kiemende bonen

(pikant hapje met taugé)

Voor 4 personen

ingrediënten

100 g taugé, gekookt

250 g kaala chana*, gekookt

3 grote aardappelen, gekookt en in stukjes gesneden

2 grote tomaten, fijngehakt

1 middelgrote ui, gehakt

Zout naar smaak

Voor pakking:

2 eetlepels muntchutney

2 eetlepels hete, zoete mangochutney

4-5 eetlepels yoghurt

100 g chips, gemalen

10 g gehakte korianderblaadjes

methode

- Meng alle ingrediënten behalve de vulling.
- Versier in de volgorde die door de ingrediënten wordt aangegeven. Serveer onmiddellijk.

Aloo Kachori

(Gebakken aardappelknoedel)

Voor 15

ingrediënten

350 g volkorenmeel

1 eetlepel geraffineerde plantaardige olie, plus extra om te frituren

1 theelepel ajowanzaden

Zout naar smaak

5 aardappelen, gekookt en gepureerd

2 theelepels chilipoeder

1 eetlepel gehakte korianderblaadjes

methode

- Meng bloem, 1 eetlepel olie, ajowanzaden en zout. Verdeel in balletjes ter grootte van een limoen. Maak ze allemaal plat met je handen en zet ze opzij.
- Meng de aardappelen, chilipoeder, korianderblaadjes en een snufje zout.
- Plaats een portie van dit mengsel in het midden van elk taartje. Sluit af door de randen tegen elkaar te drukken.

- Verhit de olie in een pan met antiaanbaklaag. Bak de kachoris op middelhoog vuur goudbruin. Zeef en serveer warm.

Dosa-dieet

(Dieetpannenkoek)

Voor 12

ingrediënten

300 g mung dhal*, dompel gedurende 3-4 uur onder in 250 ml water

3-4 groene pepers

Gemberwortel 2,5 cm

100 g griesmeel

1 eetlepel zure room

50 g gehakte korianderblaadjes

6 curryblaadjes

Geraffineerde plantaardige olie voor smering

Zout naar smaak

methode

- Meng dhal met groene pepers en gember. Samen malen.
- Voeg griesmeel en room toe. Goed mengen. Voeg korianderblaadjes, curryblaadjes en voldoende water toe om een dik deeg te maken.

- Vet een platte pan in en verwarm deze. Giet er 2 eetlepels deeg bovenop en verdeel het met de achterkant van een lepel. Kook gedurende 3 minuten op laag vuur. Draai om en herhaal.
- Herhaal dit voor het resterende deeg. Heet opdienen.

Nutri-rol

ingrediënten

200 g spinazie, fijngehakt

1 wortel, fijngehakt

125 g diepvrieserwten

50 g taugé

3-4 grote aardappelen, gekookt en gepureerd

2 grote uien, fijngehakt

½ theelepel gemberpasta

½ theelepel knoflookpasta

1 groene chilipeper, fijngehakt

½ theelepel amchoor*

Zout naar smaak

½ theelepel chilipoeder

3 eetlepels fijngehakte korianderblaadjes

Geraffineerde plantaardige olie voor ondiep frituren

8-10 chapati's

2 eetlepels hete, zoete mangochutney

methode

- Stoom de spinazie, wortels, erwten en mungbonen samen.

- Meng de gestoomde groenten met aardappelen, ui, gemberpasta, knoflookpasta, groene chili, amchoor, zout, chilipoeder en korianderblaadjes. Meng goed om een homogeen mengsel te verkrijgen.

- Vorm kleine koteletten uit de resulterende massa.

- Verhit de olie in een pot. Bak de schnitzels op middelhoog vuur goudbruin. Zeef en zet opzij.

- Verdeel de warme, zoete mangochutney over de chapatti. Leg de kotelet in het midden en rol de chapatti op.

- Herhaal deze stap voor alle chapati's. Heet opdienen.

Sabudana Palak Doodhi Uttapam

(Pannenkoeken met sago, spinazie en flespompoen)

Voor 20

ingrediënten

1 theelepel toor dhal*

1 theelepel mung dahal*

1 theelepel uradbonen*

1 theelepel masoor dhal*

3 theelepels rijst

100 g sago, grof gemalen

50 g spinazie, gestoomd en gehakt

¼ fles pompoen*, taartjes

125 g Besan*

½ theelepel gemalen komijn

1 theelepel fijngehakte muntblaadjes

1 groene chilipeper, fijngehakt

½ theelepel gemberpasta

Zout naar smaak

100 ml water

Geraffineerde plantaardige olie om te frituren

methode

- Maal toor dhal, mung dhal, urad bonen, masoor dhal en rijst samen. Aan de kant zetten.

- Week de sago gedurende 3-5 minuten. Volledig laten leeglopen.

- Meng met gemalen rijst en dhal-mengsel.

- Voeg spinazie, flespompoen, besan, gemalen komijn, muntblaadjes, groene chili, gemberpasta, zout en voldoende water toe om een dik deeg te maken. Zet 30 minuten opzij.

- Vet de pan in en verwarm deze. Giet 1 eetlepel deeg in de pan en verdeel het met de achterkant van een lepel.

- Dek af en kook op middelhoog vuur tot de bodem lichtbruin is. Draai om en herhaal.

- Herhaal dit voor het resterende deeg. Serveer warm met ketchup of groene kokoschutney

Poha

ingrediënten

150 g poha*

1 ½ eetlepel geraffineerde plantaardige olie

½ theelepel komijnzaad

½ theelepel mosterdzaad

1 grote aardappel, fijngehakt

2 grote uien, fijngehakt

5-6 groene pepers, fijngehakt

8 curryblaadjes, grof gesneden

¼ theelepel kurkuma

45 g geroosterde pinda's (optioneel)

25 g verse kokosnoot, geraspt of geschraapt

10 g fijngehakte korianderblaadjes

1 theelepel citroensap

Zout naar smaak

methode

- Was de poha goed. Giet het water volledig af en zet de poha 15 minuten opzij in een vergiet.
- Maak de pohaknobbels voorzichtig los met je vingers. Aan de kant zetten.
- Verhit de olie in een pot. Voeg komijn- en mosterdzaad toe. Laat ze 15 seconden knallen.
- Voeg gehakte aardappelen toe. Bak op middelhoog vuur gedurende 2-3 minuten, al roerend. Voeg ui, groene pepers, curryblaadjes en kurkuma toe. Kook tot de ui glazig is. Haal van het vuur.
- Voeg poha, geroosterde pinda's en de helft van de geraspte kokos- en korianderblaadjes toe. Meng grondig met een lans.
- Bestrooi met citroensap en zout. Stoof gedurende 4-5 minuten.
- Garneer met de overgebleven kokosbladeren en koriander. Heet opdienen.

Plantaardige kotelet

Het is 10-12

ingrediënten

2 uien, fijngehakt

5 teentjes knoflook

¼ theelepel venkelzaad

2-3 groene pepers

10 g fijngehakte korianderblaadjes

2 grote wortels, fijngehakt

1 grote aardappel, fijngehakt

1 kleine rode biet, fijngehakt

50 g sperziebonen, fijngehakt

50 gram erwten

900 ml / 1½ liter water

Zout naar smaak

¼ theelepel kurkuma

2-3 eetlepels besan*

1 eetlepel geraffineerde plantaardige olie, plus extra om te frituren

50 g paneermeel

methode

- Maal 1 ui, knoflook, venkelzaad, groene pepers en korianderblaadjes tot een gladde pasta. Aan de kant zetten.

- Meng wortels, aardappelen, bieten, sperziebonen en erwten in een pot. Voeg 500 ml water, zout en kurkuma toe en kook op middelhoog vuur tot de groenten zacht zijn.

- Pureer de groenten goed en zet opzij.

- Meng de besan en het resterende water tot een soepel deeg. Aan de kant zetten.

- Verhit 1 eetlepel olie in een pan. Voeg de resterende ui toe en bak tot deze glazig is.

- Voeg de ui-knoflookpasta toe en bak een minuut op middelhoog vuur, onder voortdurend roeren.

- Voeg de groentepuree toe en meng goed.

- Haal van het vuur en zet opzij om af te koelen.

- Verdeel dit mengsel in 10-12 balletjes. Maak ze plat met je handen om gehaktballetjes te vormen.

- Haal de gehaktballetjes door het beslag en haal ze door het paneermeel.

- Verhit de olie in een pan met antiaanbaklaag. Bak de gehaktballetjes aan beide kanten goudbruin.

- Serveer warm met ketchup.

De bovenkant van de sojabonen

(Sojabonensnack)

Voor 4 personen

ingrediënten

1 ½ eetlepel geraffineerde plantaardige olie

½ theelepel mosterdzaad

2 groene pepers, fijngehakt

2 rode pepers, fijngehakt

Een snufje asafoetida

1 grote ui, fijngehakt

Gemberwortel, 2,5 cm lang, in julienne reepjes gesneden

10 teentjes knoflook, fijngehakt

6 curryblaadjes

100 g sojagriesmeel*, droge toast

100 g droog geroosterd griesmeel

200 gram erwten

500 ml heet water

¼ theelepel kurkuma

1 theelepel suiker

1 theelepel zout

1 grote tomaat, fijngehakt

2 eetlepels fijngehakte korianderblaadjes

15 rozijnen

10 cashewnoten

methode

- Verhit de olie in een pot. Voeg mosterdzaad toe. Laat ze 15 seconden knallen.
- Voeg groene pepers, rode pepers, asafoetida, ui, gember, knoflook en curryblaadjes toe. Bak op middelhoog vuur gedurende 3-4 minuten, onder regelmatig roeren.
- Voeg sojameel, griesmeel en erwten toe. Kook tot beide soorten griesmeel goudbruin worden.
- Voeg heet water, kurkuma, suiker en zout toe. Kook op middelhoog vuur tot het water opdroogt.
- Garneer met tomaat, korianderblaadjes, rozijnen en cashewnoten.
- Heet opdienen.

Upma

(Griesmeel ontbijtgerecht)

Voor 4 personen

ingrediënten

1 eetlepel geklaarde boter

150 g griesmeel

1 eetlepel geraffineerde plantaardige olie

¼ theelepel mosterdzaad

1 theelepel urad dhal*

3 groene pepers, in de lengte gesneden

8-10 curryblaadjes

1 middelgrote ui, fijngehakt

1 middelgrote tomaat, fijngehakt

750 ml / 1¼ liter water

1 opgehoopte theelepel suiker

Zout naar smaak

50 g erwten uit blik (optioneel)

25 g korianderblaadjes, fijngehakt

methode

- Verhit de ghee in een pan met antiaanbaklaag. Voeg het griesmeel toe en bak, onder regelmatig roeren, tot het griesmeel goudbruin kleurt. Aan de kant zetten.

- Verhit de olie in een pot. Voeg mosterdzaad, urad dhal, groene pepers en curryblaadjes toe. Bak tot de urad dhal bruin wordt.

- Voeg de ui toe en bak op laag vuur tot hij glazig is. Voeg de tomaat toe en bak nog 3-4 minuten.

- Voeg water toe en meng goed. Kook op middelhoog vuur tot het mengsel begint te koken. Goed mengen.

- Voeg suiker, zout, griesmeel en erwten toe. Goed mengen.

- Kook op laag vuur, onder voortdurend roeren, gedurende 2-3 minuten.

- Garneer met korianderblaadjes. Heet opdienen.

Upma vermicelli

(Vermicelli en ui)

Voor 4 personen

ingrediënten

3 eetlepels geraffineerde plantaardige olie

1 theelepel mung dahal*

1 theelepel urad dhal*

¼ theelepel mosterdzaad

8 curryblaadjes

10 pinda's

10 cashewnoten

1 middelgrote aardappel, fijngehakt

1 grote wortel, fijngehakt

2 groene pepers, fijngehakt

1 cm gemberwortel, fijngehakt

1 grote ui, fijngehakt

1 tomaat, fijngehakt

50 g diepvrieserwten

Zout naar smaak

1 liter / 1¾ pinten water

200 g vermicelli

2 eetlepels geklaarde boter

methode

- Verhit de olie in een pot. Voeg mung dhal, urad dhal, mosterdzaad en curryblaadjes toe. Laat ze 30 seconden knallen.
- Voeg pinda's en cashewnoten toe. Bak op middelhoog vuur tot ze goudbruin zijn.
- Aardappel en wortel toevoegen. Bak 4-5 minuten.
- Voeg chili, gember, ui, tomaat, erwten en zout toe. Kook op middelhoog vuur, onder regelmatig roeren, tot de groenten zacht zijn.
- Voeg water toe en breng aan de kook. Goed mengen.
- Voeg de vermicelli toe en roer voortdurend om klontjes te voorkomen.
- Dek af met een deksel en kook op laag vuur gedurende 5-6 minuten.
- Voeg ghee toe en meng goed. Heet opdienen.

Bond

(Aardappelkotelet)

Voor 10

ingrediënten

5 eetlepels geraffineerde plantaardige olie, plus extra om te frituren

½ theelepel mosterdzaad

Gemberwortel 2,5 mm, fijngehakt

2 groene pepers, fijngehakt

50 g korianderblaadjes, fijngehakt

1 grote ui, fijngehakt

4 middelgrote aardappelen, gekookt en gepureerd

1 grote wortel, fijngehakt en gekookt

125 g erwten uit blik

Een snufje kurkuma

Zout naar smaak

1 theelepel citroensap

250 g besan*

200 ml water

½ theelepel bakpoeder

methode

- Verhit 4 eetlepels olie in een pan. Voeg mosterdzaad, gember, groene pepers, korianderblaadjes en ui toe. Kook op middelhoog vuur, af en toe roerend, tot de ui bruin wordt.

- Voeg aardappelen, wortels, erwten, kurkuma en zout toe. Laat 5-6 minuten sudderen, af en toe roeren.

- Besprenkel met citroensap en verdeel het mengsel in 10 balletjes. Aan de kant zetten.

- Meng de saus, het water en de gist met 1 eetlepel olie en kneed het deeg.

- Verhit de olie in een pot. Dompel elke aardappelbal in het deeg en bak op middelhoog vuur goudbruin.

- Heet opdienen.

Instant Dhokla

(Instant gestoomde cake, pittig)

Efficiëntie 15-20

ingrediënten

250 g besan*

1 theelepel zout

2 eetlepels suiker

2 eetlepels geraffineerde plantaardige olie

½ eetlepel citroensap

240 ml water

1 eetlepel bakpoeder

1 theelepel mosterdzaad

2 groene pepers, in de lengte gesneden

Een paar curryblaadjes

1 eetlepel water

2 eetlepels fijngehakte korianderblaadjes

1 eetlepel verse kokosnoot, geraspt

methode

- Meng besan, zout, suiker, 1 eetlepel olie, citroensap en water tot een soepel deeg.
- Vet een ronde bakvorm met een diameter van 20 cm in.
- Voeg gist toe aan het deeg. Meng grondig en giet het onmiddellijk in een ingevette vorm. Stoom gedurende 20 minuten.
- Prik er met een vork in om te controleren of hij gaar is. Als de vork er niet schoon uitkomt, stoom dan opnieuw gedurende 5 tot 10 minuten. Aan de kant zetten.
- Verhit de resterende olie in een pot. Voeg mosterdzaad toe. Laat ze 15 seconden knallen.
- Voeg groene pepers, curryblaadjes en water toe. Stoof gedurende 2 minuten.
- Giet dit mengsel op de dhokla en wacht tot het door de vloeistof is opgenomen.
- Garneer met korianderblaadjes en geraspte kokosnoot.
- Snijd in vierkanten en serveer met muntchutney

Dal Maharani

(Zwarte linzen en rode bonen)

Voor 4 personen

ingrediënten

150 gram urad dhal*

2 eetlepels borlottibonen

1,4 liter / 2½ pinten water

Zout naar smaak

1 eetlepel geraffineerde plantaardige olie

½ theelepel komijnzaad

1 grote ui, fijngehakt

3 middelgrote tomaten, in stukjes gesneden

1 theelepel gemberpasta

½ theelepel knoflookpasta

½ theelepel chilipoeder

½ theelepel garam masala

120 ml verse room

methode

- Laat de urad dhal en de rode bonen een nacht samen weken. Giet af en kook samen in een pan met water en zout gedurende 1 uur op middelhoog vuur. Aan de kant zetten.

- Verhit de olie in een pot. Voeg komijnzaad toe. Laat ze 15 seconden knallen.

- Voeg de ui toe en bak op middelhoog vuur goudbruin.

- Tomaten toevoegen. Goed mengen. Voeg gemberpasta en knoflookpasta toe. Bak gedurende 5 minuten.

- Voeg het gekookte dhal- en bonenmengsel, chilipoeder en garam masala toe. Goed mengen.

- Voeg room toe. Laat 5 minuten sudderen, onder regelmatig roeren.

- Serveer warm met naan of gestoomde rijst

Milag Kuzhambu

(Gebroken rode gram in pepersaus)

Voor 4 personen

ingrediënten

2 theelepels ghee

2 theelepels korianderzaad

1 eetlepel tamarindepasta

1 theelepel gemalen zwarte peper

¼ theelepel asafoetida

Zout naar smaak

1 eetlepel toor dhal*, gekookt

1 liter / 1¾ pinten water

¼ theelepel mosterdzaad

1 groene chilipeper, gehakt

¼ theelepel kurkuma

10 curryblaadjes

methode

- Verhit een paar druppels geklaarde boter in een pan. Voeg het korianderzaad toe en bak op middelhoog vuur gedurende 2 minuten. Koel en maal.
- Meng in een grote pot tamarindepasta, peper, asafoetida, zout en dhal.
- Voeg water toe. Meng goed en breng op middelhoog vuur aan de kook. Aan de kant zetten.
- Verhit de resterende ghee in een pan. Voeg mosterdzaad, groene pepers, kurkuma en curryblaadjes toe. Laat ze 15 seconden knallen.
- Voeg dit toe aan de dhal. Heet opdienen.

Hariyala dhal

(Bladgroenten Gesplitst Bengaals Gram)

Voor 4 personen

ingrediënten

300 g toor dhal*

1,4 liter / 2½ pinten water

Zout naar smaak

2 eetlepels geklaarde boter

1 theelepel komijnzaad

1 ui, fijngehakt

½ theelepel gemberpasta

½ theelepel knoflookpasta

½ theelepel kurkuma

50 g spinazie, gehakt

10 g fenegriekblaadjes, fijngehakt

25 g dunne korianderblaadjes

methode

- Kook de dhal met water en zout in een pan gedurende 45 minuten, onder regelmatig roeren. Aan de kant zetten.

- Verwarm de ghee in een pan. Voeg komijnzaad, ui, gemberpasta, knoflookpasta en kurkuma toe. Bak gedurende 2 minuten op laag vuur, onder voortdurend roeren.

- Voeg spinazie, fenegriekblaadjes en korianderblaadjes toe. Meng goed en laat 5-7 minuten sudderen.

- Serveer warm met gestoomde rijst

Dhalcha

(Gesplitste Bengaalse gram met lamsvlees)

Voor 4 personen

ingrediënten

150 g Chana Dhal[*](#)

150 g toor dhal[*](#)

2,8 liter / 5 pinten water

Zout naar smaak

2 eetlepels tamarindepasta

2 eetlepels geraffineerde plantaardige olie

4 grote uien, gehakt

5 cm gemberwortel, geraspt

10 teentjes knoflook, geperst

750 gram lamsgehakt

1,4 liter / 2½ pinten water

3-4 tomaten, gehakt

1 theelepel chilipoeder

1 theelepel kurkuma

1 theelepel garam masala

20 curryblaadjes

25 g korianderblaadjes, fijngehakt

methode

- Kook de dhal met water en zout gedurende 1 uur op middelhoog vuur. Voeg tamarindepasta toe en meng goed. Aan de kant zetten.
- Verhit de olie in een pot. Voeg ui, gember en knoflook toe. Bak op middelhoog vuur tot ze goudbruin zijn. Voeg het lamsvlees toe en roer voortdurend tot het bruin is.
- Voeg water toe en kook tot het lamsvlees gaar is.
- Voeg tomaten, chilipoeder, kurkuma en zout toe. Goed mengen. Kook nog eens 7 minuten.
- Voeg dhal, garam masala en curryblaadjes toe. Goed mengen. Kook gedurende 4-5 minuten.
- Garneer met korianderblaadjes. Heet opdienen.

Tarkari Dhalcha

(Bengaalse gram gedeeld met groenten)

Voor 4 personen

ingrediënten

150 g Chana Dhal*

150 g toor dhal*

Zout naar smaak

3 liter / 5¼ pinten water

10 g muntblaadjes

10 g korianderblaadjes

2 eetlepels geraffineerde plantaardige olie

½ theelepel mosterdzaad

½ theelepel komijnzaad

Een snufje fenegriekzaad

Een snufje kalonji-zaden*

2 gedroogde rode pepers

10 curryblaadjes

½ theelepel gemberpasta

½ theelepel knoflookpasta

½ theelepel kurkuma

1 theelepel chilipoeder

1 theelepel tamarindepasta

500 g pompoen, in kleine blokjes gesneden

methode

- Kook beide dhals met zout, 2,5 liter water en de helft van de munt en koriander in een pan op middelhoog vuur gedurende 1 uur. Maal totdat je een dikke pasta krijgt. Aan de kant zetten.
- Verhit de olie in een pot. Voeg mosterdzaad, komijn, fenegriek en kalonji toe. Laat ze 15 seconden knallen.

- Voeg rode pepers en curryblaadjes toe. Bak op middelhoog vuur gedurende 15 seconden.
- Voeg dhalpasta, gemberpasta, knoflookpasta, kurkuma, chilipoeder en tamarindepasta toe. Goed mengen. Kook op middelhoog vuur, onder regelmatig roeren, gedurende 10 minuten.
- Voeg het resterende water en de pompoen toe. Kook tot de pompoen gaar is.
- Voeg de resterende munt- en korianderblaadjes toe. Kook gedurende 3-4 minuten.
- Heet opdienen.

Dhokar Dhalna

(Dhal blokjes gebakken in curry)

Voor 4 personen

ingrediënten

600 g Chana Dhal*, een nacht laten weken

120 ml water

Zout naar smaak

4 eetlepels geraffineerde plantaardige olie, plus extra om te frituren

3 groene pepers, gehakt

½ theelepel asafoetida

2 grote uien, fijngehakt

1 laurierblad

1 theelepel gemberpasta

1 theelepel knoflookpasta

1 theelepel chilipoeder

¾ theelepel kurkuma

1 theelepel garam masala

1 eetlepel fijngehakte korianderblaadjes

methode

- Maal de dhal met water en een beetje zout tot een dikke pasta. Aan de kant zetten.
- Verhit 1 eetlepel olie in een pan. Voeg groene pepers en asafoetida toe. Laat ze 15 seconden knallen. Meng de dhalpasta en een beetje zout. Goed mengen.
- Verdeel dit mengsel op een bakplaat om af te koelen. Snij in stukken van 2,5 cm.
- Verhit de olie om te frituren in een pan. Bak de stukken goudbruin. Aan de kant zetten.
- Verhit 2 eetlepels olie in een pan. Bak de ui goudbruin. Maal ze tot een pasta en houd apart.
- Verhit de resterende 1 eetlepel olie in een pan. Voeg laurierblad, gebakken dhal-stukjes, gebakken uienpasta, gemberpasta, knoflookpasta, chilipoeder, kurkuma en garam masala toe. Voeg voldoende water toe om de dhal-stukken te bedekken. Meng goed en laat 7-8 minuten sudderen.
- Garneer met korianderblaadjes. Heet opdienen.

Varana

(Eenvoudig gesplitste rode gram dhal)

Voor 4 personen

ingrediënten

300 g toor dhal[*]

2,4 liter / 4 pinten water

¼ theelepel asafoetida

½ theelepel kurkuma

Zout naar smaak

methode

- Kook alle ingrediënten in een pan gedurende ongeveer 1 uur op middelhoog vuur.
- Serveer warm met gestoomde rijst

Lieve Dal

(Zoete rode gram)

Voor 4-6 personen

ingrediënten

300 g toor dhal*

2,5 liter/4 pinten water

Zout naar smaak

¼ theelepel kurkuma

Een lekker snufje asafoetida

½ theelepel chilipoeder

Een stuk rietsuiker van 5 cm lang*

2 theelepels geraffineerde plantaardige olie

¼ theelepel komijnzaad

¼ theelepel mosterdzaad

2 gedroogde rode pepers

1 eetlepel fijngehakte korianderblaadjes

methode

- Was de toedhal en kook deze gedurende 1 uur in een pan op laag vuur met water en zout.
- Voeg kurkuma, asafoetida, chilipoeder en rietsuiker toe. Kook gedurende 5 minuten. Goed mengen. Aan de kant zetten.
- Verhit de olie in een kleine pan. Voeg komijnzaad, mosterdzaad en gedroogde rode pepers toe. Laat ze 15 seconden knallen.
- Giet het in de dhal en meng goed.
- Garneer met korianderblaadjes. Heet opdienen.

Zoetzure Dhal

(Zuur-zoet-zuur, gebroken rode gram)

Voor 4-6 personen

ingrediënten

300 g toor dhal*

2,4 liter / 4 pinten water

Zout naar smaak

¼ theelepel kurkuma

¼ theelepel asafoetida

1 theelepel tamarindepasta

1 theelepel suiker

2 theelepels geraffineerde plantaardige olie

½ theelepel mosterdzaad

2 groene pepers

8 curryblaadjes

1 eetlepel fijngehakte korianderblaadjes

methode

- Kook de toedhal in een pan met water en zout op middelhoog vuur gedurende 1 uur.
- Voeg kurkuma, asafoetida, tamarindepasta en suiker toe. Kook gedurende 5 minuten. Aan de kant zetten.
- Verhit de olie in een kleine pan. Voeg mosterdzaad, groene pepers en curryblaadjes toe. Laat ze 15 seconden knallen.
- Giet dit kruid in de dhal.
- Garneer met korianderblaadjes.
- Serveer warm met gestoomde rijst of chapati's

Mung-ni-Dhal

(Gesplitste groene gram)

Voor 4 personen

ingrediënten

300 g mung dhal*

1,9 liter / 3½ pinten water

Zout naar smaak

¼ theelepel kurkuma

½ theelepel gemberpasta

1 groene chilipeper, fijngehakt

¼ theelepel suiker

1 eetlepel geklaarde boter

½ theelepel sesamzaad

1 kleine ui, gehakt

1 teentje gehakte knoflook

methode

- Kook de mung dhal met water en zout in een pan op middelhoog vuur gedurende 30 minuten.
- Voeg kurkuma, gemberpasta, groene chili en suiker toe. Goed mengen.
- Als de dhal droog is, voeg dan 120 ml water toe. Stoof 2-3 minuten en zet opzij.
- Verwarm de ghee in een kleine pan. Voeg sesamzaad, ui en knoflook toe. Bak ze 1 minuut onder voortdurend roeren.
- Voeg dit toe aan de dhal. Heet opdienen.

Dhal met ui en kokosnoot

(Geraspte rode gram met ui en kokosnoot)

Voor 4-6 personen

ingrediënten

300 g toor dhal*

2,8 liter / 5 pinten water

2 groene pepers, gehakt

1 kleine ui, gehakt

Zout naar smaak

¼ theelepel kurkuma

1 ½ theelepel plantaardige olie

½ theelepel mosterdzaad

1 eetlepel fijngehakte korianderblaadjes

50 g vers geraspte kokosnoot

methode

- Kook de toedhal met water, groene pepers, ui, zout en kurkuma in een pan op middelhoog vuur gedurende 1 uur. Aan de kant zetten.
- Verhit de olie in een pot. Voeg mosterdzaad toe. Laat ze 15 seconden knallen.
- Giet het in de dhal en meng goed.
- Garneer met korianderblaadjes en kokosnoot. Heet opdienen.

Dahi Kadhi

(curry op basis van yoghurt)

Voor 4 personen

ingrediënten

1 eetlepel besan*

250 g yoghurt

750 ml / 1¼ liter water

2 theelepels suiker

Zout naar smaak

½ theelepel gemberpasta

1 eetlepel geraffineerde plantaardige olie

¼ theelepel mosterdzaad

¼ theelepel komijnzaad

¼ theelepel fenegriekzaden

8 curryblaadjes

10 g fijngehakte korianderblaadjes

methode

- Meng de besan in een grote pan met de yoghurt, water, suiker, zout en gemberpasta. Meng goed zodat er geen klontjes ontstaan.

- Kook het mengsel op middelhoog vuur tot het dikker begint te worden, onder regelmatig roeren. Aan de kook brengen. Aan de kant zetten.

- Verhit de olie in een pot. Voeg mosterdzaad, komijnzaad, fenegriekzaad en curryblaadjes toe. Laat ze 15 seconden knallen.

- Giet deze olie bij het besanmengsel.

- Garneer met korianderblaadjes. Heet opdienen.

Spinazie dhal

(Spinazie met gespleten groene gram)

Voor 4 personen

ingrediënten

300 g mung dhal*

1,9 liter / 3½ pinten water

Zout naar smaak

1 grote ui, gehakt

6 teentjes knoflook, gehakt

¼ theelepel kurkuma

100 g gehakte spinazie

½ theelepel amchoor*

Een snufje garam masala

½ theelepel gemberpasta

1 eetlepel geraffineerde plantaardige olie

1 theelepel komijnzaad

2 eetlepels fijngehakte korianderblaadjes

methode

- Kook de dhal met water en zout in een pan op middelhoog vuur gedurende 30-40 minuten.
- Voeg ui en knoflook toe. Kook gedurende 7 minuten.
- Voeg kurkuma, spinazie, amchoor, garam masala en gemberpasta toe. Goed mengen.
- Kook tot de dhal zacht is en alle kruiden zijn opgenomen. Aan de kant zetten.
- Verhit de olie in een pot. Voeg komijnzaad toe. Laat ze 15 seconden knallen.
- Giet het over de dhal.
- Garneer met korianderblaadjes. Heet opdienen

Tawker Dhal

(Rode linzen gedeeld met onrijpe mango)

Voor 4 personen

ingrediënten

300 g toor dhal*

2,4 liter / 4 pinten water

1 onrijpe mango, zonder zaadjes en in vieren gesneden

½ theelepel kurkuma

4 groene pepers

Zout naar smaak

2 theelepels mosterdolie

½ theelepel mosterdzaad

1 eetlepel fijngehakte korianderblaadjes

methode

- Kook de dhal met water, mangostukjes, kurkuma, groene pepers en zout gedurende een uur. Aan de kant zetten.

- Verhit de olijfolie in een pan en voeg de mosterdzaadjes toe. Laat ze 15 seconden knallen.

- Voeg dit toe aan de dhal. Kook tot het ingedikt is.

- Garneer met korianderblaadjes. Serveer warm met gestoomde rijst

Basis Dhal

(Gesplitste rode gram met tomaat)

Voor 4 personen

ingrediënten

300 g toor dhal*

1,2 liter / 2 pinten water

Zout naar smaak

¼ theelepel kurkuma

½ eetlepel geraffineerde plantaardige olie

¼ theelepel komijnzaad

2 groene pepers, in de lengte gesneden

1 middelgrote tomaat, fijngehakt

1 eetlepel fijngehakte korianderblaadjes

methode

- Kook de toedhal met water en zout in een pan gedurende 1 uur op middelhoog vuur.
- Voeg kurkuma toe en meng goed.
- Als de dhal te dik is, voeg dan 120 ml water toe. Meng goed en zet opzij.
- Verhit de olie in een pot. Voeg het komijnzaad toe en laat 15 seconden knetteren. Voeg groene chilipeper en tomaat toe. Bak gedurende 2 minuten.
- Voeg dit toe aan de dhal. Roer en laat 3 minuten sudderen.
- Garneer met korianderblaadjes. Serveer warm met gestoomde rijst

Maa-ki-Dhal

(Rijk zwart gram)

Voor 4 personen

ingrediënten

240 g kaali dhal*

125 g borlottibonen

2,8 liter / 5 pinten water

Zout naar smaak

Gemberwortel, 3,5 cm lang, in julienne reepjes gesneden

1 theelepel chilipoeder

3 tomaten, puree

1 eetlepel boter

2 theelepels geraffineerde plantaardige olie

1 theelepel komijnzaad

2 eetlepels vloeibare room

methode

- Laat de dhal en pintobonen een nacht samen weken.
- Kook met water, zout en gember in een pan gedurende 40 minuten op middelhoog vuur.
- Voeg chilipoeder, tomatenpuree en boter toe. Kook gedurende 8-10 minuten. Aan de kant zetten.
- Verhit de olie in een pot. Voeg komijnzaad toe. Laat ze 15 seconden knallen.
- Voeg dit toe aan de dhal. Goed mengen.
- Voeg room toe. Serveer warm met gestoomde rijst

Dhansak

(Parsi pittige rode gram)

Voor 4 personen

ingrediënten

3 eetlepels geraffineerde plantaardige olie

1 grote ui, fijngehakt

2 grote tomaten, gehakt

½ theelepel kurkuma

½ theelepel chilipoeder

1 eetlepel dhansak masala*

1 eetlepel moutazijn

Zout naar smaak

Voor het dhal-mengsel:

150 g toor dhal*

75 g mung dhal*

75 g dhalmasoor*

1 kleine aubergine, in vieren gesneden

Een stuk pompoen, 7,5 cm lang, in vieren gesneden

1 eetlepel verse fenegriekbladeren

1,4 liter / 2½ pinten water

Zout naar smaak

methode

- Kook de ingrediënten van het dhal-mengsel in een pan op middelhoog vuur gedurende 45 minuten. Aan de kant zetten.

- Verhit de olie in een pot. Fruit de ui en tomaten op middelhoog vuur gedurende 2-3 minuten.

- Voeg het dhal-mengsel en alle overige ingrediënten toe. Meng goed en kook op middelhoog vuur gedurende 5-7 minuten. Heet opdienen.

Masoor Dhal

Voor 4 personen

ingrediënten

300 g masoor dhal*

Zout naar smaak

Een snufje kurkuma

1,2 liter / 2 pinten water

2 eetlepels geraffineerde plantaardige olie

6 teentjes knoflook, geperst

1 theelepel citroensap

methode

- Kook de dhal, het zout, de kurkuma en het water in een pan op middelhoog vuur gedurende 45 minuten. Aan de kant zetten.
- Verhit de olijfolie in een pan en bak de knoflook goudbruin. Voeg toe aan de dhal en besprenkel met citroensap. Goed mengen. Heet opdienen.

Panchemel Dhal

(Mengsel van vijf linzen)

Voor 4 personen

ingrediënten

75 g mung dhal*

1 eetlepel Chana Dhal*

1 eetlepel masoor dhal*

1 eetlepel toor dhal*

1 eetlepel urad dhal*

750 ml / 1¼ liter water

½ theelepel kurkuma

Zout naar smaak

1 eetlepel geklaarde boter

1 theelepel komijnzaad

Een snufje asafoetida

½ theelepel garam masala

1 theelepel gemberpasta

methode

- Kook de dhales met water, kurkuma en zout in een pan gedurende 1 uur op middelhoog vuur. Goed mengen. Aan de kant zetten.

- Verwarm de ghee in een pan. Bak de overige ingrediënten gedurende 1 minuut.

- Voeg dit toe aan de dhal, meng goed en laat 3-4 minuten sudderen. Heet opdienen.

Cholar Dhal

(Verdeeld Bengaalse gram)

Voor 4 personen

ingrediënten

600 g Chana Dhal[*]

2,4 liter / 5 pinten water

Zout naar smaak

3 eetlepels geklaarde boter

½ theelepel komijnzaad

½ theelepel kurkuma

2 theelepels suiker

3 kruidnagels

2 laurierblaadjes

2,5 cm kaneel

2 groene kardemompeulen

15 g kokosnoot, gehakt en gebakken

methode

- Kook de dhal met water en zout in een pan op middelhoog vuur gedurende 1 uur. Aan de kant zetten.

- Verhit 2 eetlepels ghee in een pan. Voeg alle ingrediënten toe behalve de kokosnoot. Laat ze 20 seconden knallen. Voeg de gekookte dhal toe en kook, al roerend, gedurende 5 minuten. Voeg kokosnoot en 1 eetlepel ghee toe. Heet opdienen.

Dilpasand Dhal

(Speciale linzen)

Voor 4 personen

ingrediënten

60 g uradbonen*

2 eetlepels borlottibonen

2 eetlepels kikkererwten

2 liter / 3½ pinten water

¼ theelepel kurkuma

2 eetlepels geklaarde boter

2 tomaten, geblancheerd en gepureerd

2 theelepels gemalen komijn, droog geroosterd

125 g opgeklopte yoghurt

120 ml vloeibare room

Zout naar smaak

methode

- Meng bonen, kikkererwten en water. Laat 4 uur in een pot weken. Voeg de kurkuma toe en kook gedurende 45 minuten op middelhoog vuur. Aan de kant zetten.

- Verwarm de ghee in een pan. Voeg alle overige ingrediënten toe en kook op middelhoog vuur tot de ghee zich scheidt.

- Voeg het bonen-kikkererwtenmengsel toe. Kook op laag vuur tot het droog is. Heet opdienen.

Dal Masoor

(Gesplitste rode linzen)

Voor 4 personen

ingrediënten

1 eetlepel geklaarde boter

1 theelepel komijnzaad

1 kleine ui, fijngehakt

2,5 cm gemberwortel, fijngehakt

6 teentjes knoflook, fijngehakt

4 groene pepers, in de lengte gesneden

1 tomaat, geschild en puree

½ theelepel kurkuma

300 g masoor dhal*

1,5 liter/2 pinten water

Zout naar smaak

2 eetlepels korianderblaadjes

methode

- Verwarm de ghee in een pan. Voeg komijnzaad, ui, gember, knoflook, chili, tomaat en kurkuma toe. Bak gedurende 5 minuten, onder regelmatig roeren.
- Voeg dhal, water en zout toe. Kook gedurende 45 minuten. Garneer met korianderblaadjes. Serveer warm met gestoomde rijst

Dhal met aubergine

(Linzen Met Aubergine)

Voor 4 personen

ingrediënten

300 g toor dhal*

1,5 liter/2 pinten water

Zout naar smaak

1 eetlepel geraffineerde plantaardige olie

50 g in blokjes gesneden aubergines

2,5 cm kaneel

2 groene kardemompeulen

2 kruidnagels

1 grote ui, fijngehakt

2 grote tomaten, fijngehakt

½ theelepel gemberpasta

½ theelepel knoflookpasta

1 theelepel gemalen koriander

½ theelepel kurkuma

10 g korianderblaadjes voor decoratie

methode

- Kook de dhal met water en zout in een pan gedurende 45 minuten op middelhoog vuur. Aan de kant zetten.
- Verhit de olie in een pot. Voeg alle overige ingrediënten toe, behalve korianderblaadjes. Bak 2-3 minuten, onder voortdurend roeren.
- Voeg het mengsel toe aan de dhal. Kook gedurende 5 minuten. Versier en serveer.

Gele Dhal Tadka

Voor 4 personen

ingrediënten

300 g mung dhal*

1 liter / 1¾ pinten water

¼ theelepel kurkuma

Zout naar smaak

3 theelepels geklaarde boter

½ theelepel mosterdzaad

½ theelepel komijnzaad

½ theelepel fenegriekzaad

2,5 cm gemberwortel, fijngehakt

4 teentjes knoflook, fijngehakt

3 groene pepers, in de lengte gesneden

8 curryblaadjes

methode

- Kook de dhal met water, kurkuma en zout in een pan gedurende 45 minuten op middelhoog vuur. Aan de kant zetten.

- Verwarm de ghee in een pan. Voeg alle overige ingrediënten toe. Bak ze 1 minuut en giet ze over de dal. Meng goed en serveer warm.

Rasam

(Pittige tamarindesoep)

Voor 4 personen

ingrediënten

2 eetlepels tamarindepasta

750 ml / 1¼ liter water

8-10 curryblaadjes

2 eetlepels gehakte korianderblaadjes

Een snufje asafoetida

Zout naar smaak

2 theelepels ghee

½ theelepel mosterdzaad

Voor het kruidenmengsel:

2 theelepels korianderzaad

2 eetlepels toor dhal*

1 theelepel komijnzaad

4-5 peperkorrels

1 gedroogde rode chilipeper

methode

- Dep het braadstuk droog en maal de ingrediënten van het kruidenmengsel fijn.

- Meng het kruidenmengsel met alle ingrediënten behalve ghee en mosterdzaad. Kook in een pan gedurende 7 minuten op middelhoog vuur.

- Verwarm de ghee in een andere pan. Voeg de mosterdzaadjes toe en laat ze 15 seconden borrelen. Giet direct in de rasam. Heet opdienen.

Simpele Mung Dhal

Voor 4 personen

ingrediënten

300 g mung dhal*

1 liter / 1¾ pinten water

Een snufje kurkuma

Zout naar smaak

2 eetlepels geraffineerde plantaardige olie

1 grote ui, fijngehakt

3 groene pepers, fijngehakt

2,5 cm gemberwortel, fijngehakt

5 curryblaadjes

2 tomaten, fijngehakt

methode

- Kook de dhal met water, kurkuma en zout in een pan gedurende 30 minuten op middelhoog vuur. Aan de kant zetten.
- Verhit de olie in een pot. Voeg alle overige ingrediënten toe. Bak 3-4 minuten. Voeg dit toe aan de dhal. Kook tot het ingedikt is. Heet opdienen.

Allemaal groene mung

Voor 4 personen

ingrediënten

250 g mungbonen een nacht geweekt

1 liter / 1¾ pinten water

½ eetlepel geraffineerde plantaardige olie

½ theelepel komijnzaad

6 curryblaadjes

1 grote ui, fijngehakt

½ theelepel knoflookpasta

½ theelepel gemberpasta

3 groene pepers, fijngehakt

1 tomaat, fijngehakt

¼ theelepel kurkuma

Zout naar smaak

120 ml melk

methode

- Kook de bonen in een pan met water gedurende 45 minuten op middelhoog vuur. Aan de kant zetten.

- Verhit de olie in een pot. Voeg komijnzaad en curryblaadjes toe.

- Voeg na 15 seconden de gekookte bonen en alle overige ingrediënten toe. Meng goed en laat 7-8 minuten sudderen. Heet opdienen.

Dahi Kadhi met Pakoras

(curry op basis van yoghurt met gebakken dumplings)

Voor 4 personen

ingrediënten
Voor Pakora:

125 g Besan*

¼ theelepel komijnzaad

2 theelepels gehakte ui

1 groene chilipeper, fijngehakt

½ theelepel geraspte gember

Een snufje kurkuma

2 groene pepers, fijngehakt

½ theelepel ajowanzaden

Zout naar smaak

Frituur olie

Voor kadhi:

Dahi Kadhi

methode

- Meng in een kom alle pakora-ingrediënten, behalve de olie, met voldoende water om een dik deeg te vormen. Bak de lepels in hete olie goudbruin.
- Kook de kadhi en voeg de pakoras toe. Kook gedurende 3-4 minuten.
- Serveer warm met gestoomde rijst

Zoete onrijpe mangodhal

(Gesplitste Red Gram met onrijpe mango)

Voor 4 personen

ingrediënten

300 g toor dhal*

2 groene pepers, in de lengte gesneden

2 theelepels rietsuiker*, taartjes

1 kleine ui, in plakjes gesneden

Zout naar smaak

¼ theelepel kurkuma

1,5 liter/2 pinten water

1 onrijpe mango, geschild en in stukjes gesneden

1 ½ theelepel geraffineerde plantaardige olie

½ theelepel mosterdzaad

1 eetlepel korianderblaadjes ter decoratie

methode

- Meng alle ingrediënten behalve olie, mosterdzaad en korianderblaadjes in een pot. Kook gedurende 30 minuten op middelhoog vuur. Aan de kant zetten.
- Verhit de olie in een pot. Voeg mosterdzaad toe. Laat ze 15 seconden knallen. Giet het over de dhal. Versier en serveer warm.

Malai Dhal

(Zwarte gramsplit met crème)

Voor 4 personen

ingrediënten

300 g urad dhal*, 4 uur laten weken

1 liter / 1¾ pinten water

500 ml gekookte melk

1 theelepel kurkuma

Zout naar smaak

½ theelepel amchoor*

2 eetlepels vloeibare room

1 eetlepel geklaarde boter

1 theelepel komijnzaad

2,5 cm gemberwortel, fijngehakt

1 kleine tomaat, fijngehakt

1 kleine ui, fijngehakt

methode

- Kook de dhal met water op middelhoog vuur gedurende 45 minuten.

- Voeg melk, kurkuma, zout, amchoor en room toe. Meng goed en kook gedurende 3-4 minuten. Aan de kant zetten.

- Verwarm de ghee in een pan. Voeg komijnzaad, gember, tomaat en ui toe. Bak gedurende 3 minuten. Voeg dit toe aan de dhal. Meng goed en serveer warm.

Sambhar

(Mengsel van linzen en groenten gekookt met speciale kruiden)

Voor 4 personen

ingrediënten

300 g toor dhal*

1,5 liter/2 pinten water

Zout naar smaak

1 eetlepel geraffineerde plantaardige olie

1 grote ui, in dunne plakjes gesneden

2 theelepels tamarindepasta

¼ theelepel kurkuma

1 groene chilipeper, grof gesneden

1 ½ theelepel sambharpoeder*

2 eetlepels fijngehakte korianderblaadjes

Voor de kruiden:

1 groene chilipeper, in de lengte gesneden

1 theelepel mosterdzaad

½ theelepel urad dhal*

8 curryblaadjes

¼ theelepel asafoetida

methode

- Meng alle dressingingrediënten door elkaar. Aan de kant zetten.

- Kook de toedhal met water en zout in een pan op middelhoog vuur gedurende 40 minuten. Rasp goed. Aan de kant zetten.

- Verhit de olie in een pot. Voeg dressingingrediënten toe. Laat ze 20 seconden knallen.

- Voeg gekookte dhal en alle overige ingrediënten toe, behalve korianderblaadjes. Stoof gedurende 8-10 minuten.

- Garneer met korianderblaadjes. Heet opdienen.

Drie Dhala's

(Gemengde Linzen)

Voor 4 personen

ingrediënten

150 g toor dhal*

75 g dhalmasoor*

75 g mung dhal*

1 liter / 1¾ pinten water

1 grote tomaat, fijngehakt

1 kleine ui, fijngehakt

4 teentjes knoflook, fijngehakt

6 curryblaadjes

Zout naar smaak

¼ theelepel kurkuma

2 eetlepels geraffineerde plantaardige olie

½ theelepel komijnzaad

methode

- Week de dhal gedurende 30 minuten in water. Kook met de overige ingrediënten, behalve de olie en komijn, gedurende 45 minuten op middelhoog vuur.
- Verhit de olie in een pot. Voeg komijnzaad toe. Laat ze 15 seconden knallen. Giet het over de dhal. Goed mengen. Heet opdienen.

Methi-drumstok Sambhar

(Fenegriek en stokken met gespleten rood gram)

Voor 4 personen

ingrediënten

300 g toor dhal*

1 liter / 1¾ pinten water

Een snufje kurkuma

Zout naar smaak

2 Indiase eetstokjes*, gehakt

1 theelepel geraffineerde plantaardige olie

¼ theelepel mosterdzaad

1 rode chilipeper, gehalveerd

¼ theelepel asafoetida

10 g verse fenegriekbladeren, gehakt

1¼ theelepel sambharpoeder*

1¼ theelepel tamarindepasta

methode

- Meng in een pot dhal, water, kurkuma, zout en drumsticks. Kook gedurende 45 minuten op middelhoog vuur. Aan de kant zetten.

- Verhit de olie in een pan. Voeg alle overige ingrediënten toe en roerbak 2-3 minuten. Voeg dit toe aan de dhal en laat 7-8 minuten koken. Heet opdienen.

Dal Shorb

(Linzensoep)

Voor 4 personen

ingrediënten

300 g toor dhal_*_

Zout naar smaak

1 liter / 1¾ pinten water

1 eetlepel geraffineerde plantaardige olie

2 grote uien, in plakjes gesneden

4 teentjes knoflook, geperst

50 g spinazieblaadjes, fijngehakt

3 tomaten, fijngehakt

1 theelepel citroensap

1 theelepel garam masala

methode

- Kook de dhal, het zout en het water in een pan op middelhoog vuur gedurende 45 minuten. Aan de kant zetten.
- Verwarm de olie. Bak de ui op middelhoog vuur goudbruin. Voeg alle overige ingrediënten toe en kook 5 minuten, onder regelmatig roeren.

- Voeg het toe aan het dhal-mengsel. Heet opdienen.

Heerlijke Mung

(Hele Mung)

Voor 4 personen

ingrediënten

250 g mungbonen

2,5 liter/4 pinten water

Zout naar smaak

2 middelgrote uien, gehakt

3 groene pepers, gehakt

¼ theelepel kurkuma

1 theelepel chilipoeder

1 theelepel citroensap

1 eetlepel geraffineerde plantaardige olie

½ theelepel komijnzaad

6 teentjes knoflook, geperst

methode

- Week de mungbonen 3-4 uur in water. Kook in een pan met zout, ui, groene pepers, kurkuma en chilipoeder op middelhoog vuur gedurende 1 uur.

- Voeg citroensap toe. Kook gedurende 10 minuten. Aan de kant zetten.

•Verhit de olie in een pot. Voeg komijnzaad en knoflook toe. Bak gedurende 1 minuut op middelhoog vuur. Giet het in het mungmengsel. Heet opdienen.

Masala Toor Dhal

(Pittig Pittig Rood Gram)

Voor 4 personen

ingrediënten

300 g toor dhal_*_

1,5 liter/2 pinten water

Zout naar smaak

½ theelepel kurkuma

1 eetlepel geraffineerde plantaardige olie

½ theelepel mosterdzaad

8 curryblaadjes

¼ theelepel asafoetida

½ theelepel gemberpasta

½ theelepel knoflookpasta

1 groene chilipeper, fijngehakt

1 ui, fijngehakt

1 tomaat, fijngehakt

2 theelepels citroensap

2 eetlepels korianderblaadjes ter decoratie

methode

- Kook de dhal met water, zout en kurkuma in een pan gedurende 45 minuten op middelhoog vuur. Aan de kant zetten.

- Verhit de olie in een pot. Voeg alle ingrediënten toe behalve het citroensap en de korianderblaadjes. Bak 3-4 minuten op middelhoog vuur. Giet het over de dhal.

- Voeg citroensap en korianderblaadjes toe. Goed mengen. Heet opdienen.

Droge gele Mung Dhal

(Gedroogde gele gram)

Voor 4 personen

ingrediënten

300 g mung dhal_*_, 1 uur laten weken

250 ml water

¼ theelepel kurkuma

Zout naar smaak

1 eetlepel geklaarde boter

1 theelepel amchouri_*_

1 eetlepel gehakte korianderblaadjes

1 kleine ui, fijngehakt

methode

- Kook de dhal met water, kurkuma en zout in een pan gedurende 45 minuten op middelhoog vuur.
- Verhit de ghee en giet deze over de dhal. Bestrooi met amchoora, korianderblaadjes en ui. Heet opdienen.

Heel Urad

(Geheel zwart gram)

Voor 4 personen

ingrediënten

300 g uradbonen*, gewassen

Zout naar smaak

1,25 liter / 2½ pinten water

¼ theelepel kurkuma

½ theelepel chilipoeder

½ theelepel gedroogd gemberpoeder

¾ theelepel garam masala

1 eetlepel geklaarde boter

½ theelepel komijnzaad

1 grote ui, fijngehakt

2 eetlepels fijngehakte korianderblaadjes

methode

- Kook de uradbonen met zout en water in een pan gedurende 45 minuten op middelhoog vuur.

- Voeg kurkuma, chilipoeder, gemberpoeder en garam masala toe. Meng goed en laat 5 minuten sudderen. Aan de kant zetten.

- Verwarm de ghee in een pan. Voeg het komijnzaad toe en laat 15 seconden knetteren. Voeg de ui toe en bak op middelhoog vuur goudbruin.

- Voeg het uienmengsel toe aan de dhal en meng goed. Kook gedurende 10 minuten.

- Garneer met korianderblaadjes. Heet opdienen.

Dal Fry

(Gesplitste rode gram met gebakken kruiden)

Voor 4 personen

ingrediënten

300 g toor dhal*

1,5 liter/2 pinten water

½ theelepel kurkuma

Zout naar smaak

2 eetlepels geklaarde boter

½ theelepel mosterdzaad

½ theelepel komijnzaad

½ theelepel fenegriekzaad

2,5 cm gemberwortel, fijngehakt

2-3 teentjes knoflook, fijngehakt

2 groene pepers, fijngehakt

1 kleine ui, fijngehakt

1 tomaat, fijngehakt

methode

- Kook de dhal met water, kurkuma en zout in een pan gedurende 45 minuten op middelhoog vuur. Goed mengen. Aan de kant zetten.
- Verwarm de ghee in een pan. Voeg mosterdzaad, komijnzaad en fenegriekzaad toe. Laat ze 15 seconden knallen.
- Voeg gember, knoflook, groene peper, ui en tomaat toe. Bak op middelhoog vuur gedurende 3-4 minuten, onder regelmatig roeren. Voeg dit toe aan de dhal. Heet opdienen.

Onmiddellijke dosis

(Instant rijstpannenkoek)

Het is 10-12

ingrediënten

85 gram rijstmeel

45 g volkorenmeel

45 g gewone witte bloem

25 g griesmeel

60 g/2 oz Besan*

1 theelepel gemalen komijn

4 groene pepers, fijngehakt

2 eetlepels zure room

Zout naar smaak

120 ml/4 oz geraffineerde plantaardige olie

methode

- Meng alle ingrediënten behalve de olie met voldoende water om een dik, gietbaar deeg te creëren.

- Verhit de pan en giet er een eetlepel olie in. Giet 2 eetlepels van het deeg en verdeel het met de achterkant van een lepel, zodat een pannenkoek ontstaat.

- Kook tot de bodem bruin is. Draai om en herhaal.

- Verwijder voorzichtig met een spatel. Herhaal dit voor het resterende deeg.

- Serveer warm met een chutney.

Zoete aardappelrollade

Efficiëntie 15-20

ingrediënten

4 grote zoete aardappelen, gestoomd en gepureerd

175 g rijstmeel

4 eetlepels honing

20 cashewnoten, licht geroosterd en gehakt

20 rozijnen

Zout naar smaak

2 theelepels sesamzaadjes

Geklaarde boter om te bakken

methode

- Meng alle ingrediënten behalve ghee en sesamzaadjes.

- Vorm balletjes ter grootte van een walnoot en rol ze door sesamzaadjes zodat ze bedekt zijn.

- Verhit de ghee in een pan met antiaanbaklaag. Bak de balletjes op middelhoog vuur goudbruin. Heet opdienen.

Aardappel taart

Op de 30e

ingrediënten

6 grote aardappelen, 3 geraspt en 3 gekookt en gepureerd

2 eieren

2 eetlepels natuurlijke witte bloem

½ theelepel versgemalen zwarte peper

1 kleine ui, fijngehakt

120 ml melk

60 ml/2 oz geraffineerde plantaardige olie

1 theelepel zout

2 eetlepels olie

methode

- Meng alle ingrediënten behalve de olie tot een dik deeg.

- Verhit een platte pan en verdeel de olie erop. Voeg 2-4 grote eetlepels deeg toe en verdeel het als een pannenkoek.

- Bak elke kant op middelhoog vuur gedurende 3-4 minuten tot de pannenkoek goudbruin is en knapperig aan de randen.

- Herhaal dit voor het resterende deeg. Heet opdienen.

Murgh Malai-kebab

(Romige Kip Kebab)

Efficiëntie 25-30

ingrediënten

1 theelepel gemberpasta

1 theelepel knoflookpasta

2 groene pepers

25 g korianderblaadjes, fijngehakt

3 eetlepels room

1 theelepel natuurlijke witte bloem

125 g geraspte Cheddar-kaas

1 theelepel zout

500 g kip zonder bot, fijngehakt

methode

- Meng alle ingrediënten behalve de kip.

- Marineer de stukken kip 4-6 uur in het mengsel.

- Leg het vlees in een ovenschaal en bak het in een oven die is voorverwarmd tot 165°C (325°F, gasstand 4) gedurende ongeveer 20-30 minuten, tot de kip lichtbruin is.

- Serveer warm met muntchutney

Keema Gezwollen

(Krakelingen gevuld met gehakt)

Voor 12

ingrediënten

250 g gewone witte bloem

½ eetlepel zout

½ theelepel bakpoeder

1 eetlepel geklaarde boter

100 ml water

2 eetlepels geraffineerde plantaardige olie

2 middelgrote uien, fijngehakt

¾ theelepel gemberpasta

¾ theelepel knoflookpasta

6 groene pepers, fijngehakt

1 grote tomaat, fijngehakt

½ theelepel kurkuma

½ theelepel chilipoeder

1 theelepel garam masala

125 g diepvrieserwten

4 eetlepels yoghurt

2 eetlepels water

50 g korianderblaadjes, fijngehakt

500 g kip, gehakt

methode

- Zeef bloem, zout en gist. Voeg ghee en water toe. Kneed tot een deeg. Laat het 30 minuten staan en kneed opnieuw. Aan de kant zetten.

- Verhit de olie in een pot. Voeg ui, gemberpasta, knoflookpasta en groene pepers toe. Bak gedurende 2 minuten op middelhoog vuur.

- Voeg tomaat, kurkuma, chilipoeder, garam masala en een snufje zout toe. Meng goed en bak 5 minuten, onder regelmatig roeren.

- Voeg erwten, yoghurt, water, korianderblaadjes en gehakte kip toe. Goed mengen. Kook gedurende 15 minuten, af en toe roerend, tot het mengsel droog wordt. Aan de kant zetten.

- Rol het deeg uit tot een grote schijf. Knip een vierkante vorm uit en knip vervolgens 12 kleine rechthoeken uit het vierkant.

- Plaats het gehaktmengsel in het midden van elke rechthoek en rol het op als suikerpapier.

- Bak gedurende 10 minuten op 175°C (350°F, gasstand 4). Heet opdienen.

Ei Pakoda

(Snack met gebakken ei)

Voor 20

ingrediënten

3 eieren, losgeklopt

3 sneetjes brood, in vieren gesneden

125 g geraspte Cheddar-kaas

1 ui, fijngehakt

3 groene pepers, fijngehakt

1 eetlepel gehakte korianderblaadjes

½ theelepel gemalen zwarte peper

½ theelepel chilipoeder

Zout naar smaak

Geraffineerde plantaardige olie om te frituren

methode

- Meng alle ingrediënten behalve de olie.

- Verhit de olie in een pan met antiaanbaklaag. Voeg het mengsel lepel voor lepel toe. Bak op middelhoog vuur tot ze goudbruin zijn.

- Laat uitlekken op absorberend papier. Heet opdienen.

Ei dosis

(Pannenkoeken met rijst en ei)

Geeft 12-14

ingrediënten

150 gram urad dhal*

100 g gestoomde rijst

Zout naar smaak

4 losgeklopte eieren

Gemalen zwarte peper naar smaak

25 g magere ui, fijngehakt

2 eetlepels gehakte korianderblaadjes

1 eetlepel geraffineerde plantaardige olie

1 eetlepel boter

methode

- Week de dhal en rijst samen gedurende 4 uur. Voeg zout toe en meng tot je een dik deeg krijgt. Laat het een nacht gisten.

- Vet een platte koekenpan in en verwarm deze. Verdeel er 2 eetlepels deeg over.

- Giet 3 eetlepels ei op het deeg. Bestrooi met paprika, ui en korianderblaadjes. Giet een beetje olie rond de randen en bak 2 minuten. Draai voorzichtig om en bak nog 2 minuten.

- Herhaal dit voor de rest van het deeg. Leg op elke portie een stuk boter en serveer warm met kokoschutney

Khasta Kachori

(Pittig gebakken dumpling met linzen)

Voor 12-15

ingrediënten

200 g extra vergine olijfolie*

300 g gewone witte bloem

Zout naar smaak

200 ml water

2 eetlepels geraffineerde plantaardige olie, plus om te frituren

Een snufje asafoetida

225 g mung dhal*, laat een uurtje weken en laat uitlekken

1 theelepel kurkuma

1 theelepel gemalen koriander

4 theelepels venkelzaad

2-3 kruidnagels

1 eetlepel fijngehakte korianderblaadjes

3 groene pepers, fijngehakt

2,5 cm gemberwortel, fijngehakt

1 eetlepel fijngehakte muntblaadjes

132

¼ theelepel chilipoeder

1 theelepel amchouri*

methode

- Kneed de bonen, bloem en een beetje zout met voldoende water tot een stevig deeg. Aan de kant zetten.

- Verhit de olie in een pot. Voeg asafoetida toe en laat het 15 seconden spetteren. Voeg de dhal toe en bak 5 minuten op middelhoog vuur, onder voortdurend roeren.

- Voeg kurkuma, gemalen koriander, venkelzaad, kruidnagel, korianderblaadjes, groene pepers, gember, muntblaadjes, chilipoeder en amboor toe. Meng goed en kook gedurende 10-12 minuten. Aan de kant zetten.

- Verdeel het deeg in balletjes ter grootte van een citroen. Maak ze plat en rol ze in kleine schijfjes met een diameter van 12,5 cm.

- Plaats een lepel dhal-mengsel in het midden van elke schijf. Bind het vast als een zak en maak het plat tot puri. Aan de kant zetten.

- Verhit de olie in een pot. Bak de puri's tot ze opzwellen.

- Serveer warm met groene kokoschutney

Gemengde dhokla-pulsen

(Gestoomde cake met gemengde peulvruchten)

Voor 20

ingrediënten

125 g hele mungbonen*

125 g kaala chana*

60 g/2 oz Turkse gram

50 g gedroogde erwten

75 gram uradbonen*

2 theelepels groene chili

Zout naar smaak

methode

- Week mungbonen, kaala chana, Turkse gram en droge erwten samen. Week de uradbonen apart. Zet 6 uur opzij.

- Meng alle geweekte ingrediënten tot een dik deeg. Fermenteren gedurende 6 uur.

- Voeg groene pepers en zout toe. Meng goed, giet het in een ronde cakevorm met een diameter van 20 cm en stoom gedurende 10 minuten.

- Snijd in een diamantvorm. Serveer met muntchutney

Frankie

ingrediënten

1 theelepel chaat masala*

½ theelepel garam masala

½ theelepel gemalen komijn

4 grote aardappelen, gekookt en gepureerd

Zout naar smaak

10-12 chapati's

Geraffineerde plantaardige olie voor smering

2-3 groene pepers, fijngehakt en gedrenkt in witte azijn

2 eetlepels fijngehakte korianderblaadjes

1 ui, fijngehakt

methode

- Meng chaat masala, garam masala, gemalen komijn, aardappelen en zout. Meng goed en zet opzij.

- Verhit een pan en leg de chapatti erop.

- Verdeel wat olie over de chapatti en draai hem om, zodat hij aan één kant bakt. Herhaal voor de andere kant.

- Verdeel een gelijkmatige laag aardappelmengsel over de hete chapatti.

- Bestrooi met wat groene chilipeper, korianderblaadjes en ui.

- Rol de chapati's op zodat het aardappelmengsel erin zit.

- Bak de rol in een droge koekenpan goudbruin en serveer warm.

Besan en Kaasverrukking

Voor 25

ingrediënten

2 eieren

250 g geraspte Cheddar-kaas

1 theelepel gemalen zwarte peper

1 theelepel gemalen mosterd

½ theelepel chilipoeder

60 ml/2 oz geraffineerde plantaardige olie

Voor het besanmengsel:

50 g droog geroosterd griesmeel

375 g besan*

200 g geraspte kool

1 theelepel gemberpasta

1 theelepel knoflookpasta

Een snufje bakpoeder

Zout naar smaak

methode

- Klop 1 ei goed los. Voeg Cheddarkaas, peper, gemalen mosterd en chilipoeder toe. Meng goed en zet opzij.

- Meng de ingrediënten van het Besan-mengsel door elkaar. Giet het mengsel in een ronde cakevorm met een diameter van 20 cm en stoom gedurende 20 minuten. Eenmaal afgekoeld snijd je ze in 25 stukken en bestrijk ze met het ei-kaasmengsel.

- Verhit de olie in een pot. Bak de stukken op middelhoog vuur goudbruin. Serveer warm met groene kokoschutney

Chili Idli

ingrediënten

3 eetlepels geraffineerde plantaardige olie

1 theelepel mosterdzaad

1 kleine ui, in plakjes gesneden

½ theelepel garam masala

1 eetlepel ketchup

4 gehakte idli

Zout naar smaak

2 eetlepels korianderblaadjes

methode

- Verhit de olie in een pot. Voeg mosterdzaad toe. Laat ze 15 seconden knallen.

- Voeg alle overige ingrediënten toe, behalve korianderblaadjes. Goed mengen.

- Kook op middelhoog vuur gedurende 4-5 minuten, terwijl u voorzichtig roert. Garneer met korianderblaadjes. Heet opdienen.

Broodje spinazie

ingrediënten

2 eetlepels boter

10 sneetjes brood in vieren gesneden

2 eetlepels geklaarde boter

1 ui, fijngehakt

300 g spinazie, fijngehakt

Zout naar smaak

125 g geitenkaas, uitgelekt

4 eetlepels geraspte Cheddar-kaas

methode

- Bestrijk de stukken brood aan beide kanten met boter en bak ze 7 minuten in een voorverwarmde oven op 200°C (400°F, gasstand 6). Aan de kant zetten.

- Verwarm de ghee in een pan. Bak de ui goudbruin. Voeg spinazie en zout toe. Kook gedurende 5 minuten. Voeg geitenkaas toe en meng goed.

- Verdeel het spinaziemengsel over de geroosterde stukjes brood. Bestrooi met wat geraspte Cheddarkaas en bak in een voorverwarmde oven op 130°C (250°F, gasstand ½) tot de kaas gesmolten is. Heet opdienen.

Paushtik Chaat

(Gezonde snack)

Voor 4 personen

ingrediënten

3 theelepels geraffineerde plantaardige olie

½ theelepel komijnzaad

1-inch gemberwortel, gehakt

1 kleine aardappel, gekookt en gehakt

1 theelepel garam masala

Zout naar smaak

Gemalen zwarte peper naar smaak

250 g gekookte mungbonen

300 g borlottibonen uit blik

300 g kikkererwten uit blik

10 g gehakte korianderblaadjes

1 theelepel citroensap

methode

- Verhit de olie in een pot. Voeg komijnzaad toe. Laat ze 15 seconden knallen.

- Voeg gember, aardappelen, garam masala, zout en peper toe. Bak op middelhoog vuur gedurende 3 minuten. Voeg mungbonen, rode bonen en kikkererwten toe. Kook op middelhoog vuur gedurende 8 minuten.

- Garneer met korianderblaadjes en citroensap. Serveer koud.

Kool rol

ingrediënten

1 eetlepel natuurlijke witte bloem

3 eetlepels water

Zout naar smaak

2 eetlepels geraffineerde plantaardige olie, plus om te frituren

1 theelepel komijnzaad

100 g bevroren groentemengsels

1 eetlepel vloeibare room

2 eetlepels paneermeel*

¼ theelepel kurkuma

1 theelepel chilipoeder

1 theelepel gemalen koriander

1 theelepel gemalen komijn

Week 8 grote koolbladeren 2-3 minuten in heet water en laat ze uitlekken

methode

- Meng bloem, water en zout tot een dikke pasta ontstaat. Aan de kant zetten.

- Verhit de olie in een pot. Voeg het komijnzaad toe en laat 15 seconden knetteren. Voeg alle overige ingrediënten toe, behalve de koolbladeren. Bak op middelhoog vuur gedurende 2-3 minuten, onder regelmatig roeren.

- Plaats een eetlepel van dit mengsel in het midden van elk koolblad. Vouw de bladeren en lijm de uiteinden met bloempasta.

- Verhit de olie in een pan met antiaanbaklaag. Dompel de koolrolletjes in bloempasta en bak ze. Heet opdienen.

Tomatenbrood

ingrediënten

1 ½ eetlepel geraffineerde plantaardige olie

150 g tomatenpuree

3-4 curryblaadjes

2 groene pepers, fijngehakt

Zout naar smaak

2 grote aardappelen, gekookt en in plakjes gesneden

6 sneetjes brood, gesneden

10 g gehakte korianderblaadjes

methode

- Verhit de olie in een pot. Voeg tomatenpuree, curryblaadjes, groene pepers en zout toe. Kook gedurende 5 minuten.
- Voeg aardappelen en brood toe. Kook op laag vuur gedurende 5 minuten.
- Garneer met korianderblaadjes. Heet opdienen.

Maïs- en kaasballetjes

Efficiëntie 8-10

ingrediënten

200 g suikermaïs

250 g geraspte mozzarella

4 grote aardappelen, gekookt en gepureerd

2 groene pepers, fijngehakt

2,5 cm gemberwortel, fijngehakt

1 eetlepel gehakte korianderblaadjes

1 theelepel citroensap

50 g paneermeel

Zout naar smaak

Geraffineerde plantaardige olie om te frituren

50 g griesmeel

methode

- Meng alle ingrediënten behalve olie en griesmeel in een kom. Verdeel in 8-10 ballen.
- Verhit de olie in een pot. Bestrijk de balletjes met griesmeel en bak ze op middelhoog vuur goudbruin. Heet opdienen.

Chivda-cornflakes

(Snack van gebakken cornflakes)

Opbrengst: 500 g

ingrediënten

250 gram pinda's

150 g Chana Dhal*

100 gram rozijnen

125 g cashewnoten

200 gram cornflakes

60 ml/2 oz geraffineerde plantaardige olie

7 groene pepers, gehakt

25 curryblaadjes

½ theelepel kurkuma

2 theelepels suiker

Zout naar smaak

methode

- Droog geroosterde pinda's, chana dhal, rozijnen, cashewnoten en cornflakes tot ze knapperig zijn. Aan de kant zetten.

- Verhit de olie in een pot. Voeg groene pepers, curryblaadjes en kurkuma toe. Bak op middelhoog vuur gedurende een minuut.

- Voeg suiker, zout en alle gebakken ingrediënten toe. Bak 2-3 minuten.

- Koel en bewaar in een luchtdichte verpakking gedurende maximaal 8 dagen.

Walnoot rol

Voor 20-25

ingrediënten

140 g gewone witte bloem

240 ml melk

1 eetlepel boter

Zout naar smaak

Gemalen zwarte peper naar smaak

½ eetlepel fijngehakte korianderblaadjes

3-4 eetlepels geraspte Cheddar-kaas

¼ theelepel nootmuskaat, geraspt

125 g cashewnoten, grof gemalen

125 g pinda's, grof gemalen

50 g paneermeel

Geraffineerde plantaardige olie om te frituren

methode

- Meng 85 g bloem met melk in een pot. Voeg de boter toe en kook het mengsel, onder voortdurend roeren, op laag vuur tot het dikker wordt.

- Voeg zout en peper toe. Laat het mengsel 20 minuten afkoelen.

- Voeg korianderblaadjes, Cheddarkaas, nootmuskaat, cashewnoten en pinda's toe. Goed mengen. Aan de kant zetten.

- Strooi de helft van het paneermeel op de bakplaat.

- Bestrooi eetlepels bloem met paneermeel en vorm er rolletjes van. Aan de kant zetten.

- Meng de resterende bloem met voldoende water tot een dun deeg ontstaat. Doop de broodjes in het deeg en rol ze opnieuw door paneermeel.

- Verhit de olie in een pot. Bak de rolletjes op middelhoog vuur goudbruin.

- Serveer warm met ketchup of groene kokoschutney

Gevulde koolrolletjes met gehakt

Voor 12

ingrediënten

1 eetlepel geraffineerde plantaardige olie, plus extra om te frituren

2 uien, fijngehakt

2 tomaten, fijngehakt

½ eetlepel gemberpasta

½ eetlepel knoflookpasta

2 groene pepers, in plakjes gesneden

½ theelepel kurkuma

½ theelepel chilipoeder

¼ theelepel gemalen zwarte peper

500 g kip, gehakt

200 g diepvrieserwten

2 kleine aardappelen, in blokjes gesneden

1 grote wortel, in blokjes gesneden

Zout naar smaak

25 g korianderblaadjes, fijngehakt

12 grote koolbladeren, geblancheerd

2 losgeklopte eieren

100 g paneermeel

methode

- Verhit 1 eetlepel olie in een pan. Fruit de ui tot hij glazig is.

- Voeg tomaten, gemberpasta, knoflookpasta, groene pepers, kurkuma, chilipoeder en peper toe. Meng goed en bak 2 minuten op middelhoog vuur.

- Voeg kipgehakt, erwten, aardappelen, wortels, zout en korianderblaadjes toe. Laat 20-30 minuten sudderen, af en toe roeren. Laat het mengsel 20 minuten afkoelen.

- Schep het gehakte mengsel op het koolblad en rol het op. Herhaal dit voor de overige bladeren. Zet de rollen vast met een tandenstoker.

- Verhit de olie in een pot. Dompel de broodjes in het ei, paneer ze en bak ze goudbruin.

- Zeef en serveer warm.

Paul Bhaji

(Pittige Groenten met Brood)

Voor 4 personen

ingrediënten

2 grote aardappelen, gekookt

200 g diepvries gemengde groenten (groene paprika, wortel, bloemkool en erwten)

2 eetlepels boter

1 ½ theelepel knoflookpasta

2 grote uien, geraspt

4 grote tomaten, gehakt

250 ml water

2 theelepels pav bhaji masala*

1 ½ theelepel chilipoeder

¼ theelepel kurkuma

Sap van 1 citroen

Zout naar smaak

1 eetlepel gehakte korianderblaadjes

Boter om te bakken

4 hamburgerbroodjes doormidden gesneden

1 grote ui, fijngehakt

Schijfjes citroen

methode

- Pureer de groenten goed. Aan de kant zetten.
- Verhit de boter in een pot. Voeg de knoflookpasta en de ui toe en bak tot de ui goudbruin kleurt. Voeg de tomaten toe en kook, af en toe roerend, op middelhoog vuur gedurende 10 minuten.
- Voeg de groentepuree, water, pav bhaji masala, chilipoeder, kurkuma, citroensap en zout toe. Kook tot de saus dik is. Plet en kook gedurende 3-4 minuten, onder voortdurend roeren. Bestrooi met korianderblaadjes en meng goed. Aan de kant zetten.
- Verhit een platte koekenpan. Smeer wat boter en bak de hamburgerbroodjes aan beide kanten knapperig.
- Serveer het groentemengsel warm op sandwiches, met ui en schijfjes citroen.

Soja kotelet

Voor 10

ingrediënten

300 g mung dhal*, 4 uur laten weken

Zout naar smaak

400 g sojakorrels gedrenkt in warm water gedurende 15 minuten

1 grote ui, fijngehakt

2-3 groene pepers, fijngehakt

1 theelepel amchouri*

1 theelepel garam masala

2 eetlepels gehakte korianderblaadjes

150 g paneer*of tofu, geraspt

Geraffineerde plantaardige olie om te frituren

methode

- Droog de dhal niet. Voeg zout toe en kook in een pan op middelhoog vuur gedurende 40 minuten. Aan de kant zetten.

- Zeef de sojakorrels. Meng met dhal en maal tot een dikke pasta.

- Meng deze pasta in een pan met antiaanbaklaag met alle overige ingrediënten behalve de olie. Kook op laag vuur tot het droog is.
- Verdeel het mengsel in balletjes ter grootte van een citroen en vorm er koteletten van.
- Verhit de olie in een pot. Bak de schnitzels goudbruin.
- Serveer warm met muntchutney

Bhel maïs

(Pittige maïssnack)

Voor 4 personen

ingrediënten

200 g gekookte maïskorrels

100 g lente-uitjes, fijngehakt

1 aardappel, gekookt, geschild en fijngehakt

1 tomaat, fijngehakt

1 komkommer, fijngehakt

10 g gehakte korianderblaadjes

1 theelepel chaat masala*

2 theelepels citroensap

1 eetlepel muntchutney

Zout naar smaak

methode

- Meng alle ingrediënten in een kom tot ze goed gemengd zijn.
- Serveer onmiddellijk.

Methi Gota

(Gebakken Dumpling Met Fenegriek)

Voor 20

ingrediënten

500 g besan*

45 g volkorenmeel

125 g yoghurt

4 eetlepels geraffineerde plantaardige olie, plus extra om te frituren

2 theelepels zuiveringszout

50 g verse fenegriekblaadjes, fijngehakt

50 g korianderblaadjes, fijngehakt

1 rijpe banaan, geschild en gepureerd

1 eetlepel korianderzaad

10-15 zwarte peperkorrels

2 groene pepers

½ theelepel gemberpasta

½ theelepel garam masala

Een snufje asafoetida

1 theelepel chilipoeder

methode

- Meng besan, bloem en yoghurt.
- Voeg 2 eetlepels olie en zuiveringszout toe. Zet opzij om 2-3 uur te rijzen.
- Voeg alle overige ingrediënten toe, behalve de olie. Meng goed om een dik deeg te verkrijgen.
- Verhit 2 eetlepels olie en voeg ze toe aan het deeg. Meng goed en zet 5 minuten opzij.
- Verhit de resterende olie in een pot. Doe kleine lepels deeg in de olie en bak het goudbruin.
- Laat uitlekken op absorberend papier. Heet opdienen.

Idli

(gestoomde rijstwafel)

ingrediënten

500 g rijst een nacht geweekt

300 g urad dhal*, een nacht laten weken

1 eetlepel zout

Een snufje zuiveringszout

Geraffineerde plantaardige olie voor smering

methode

- Zeef de rijst en dhal en maal ze samen.
- Voeg zout en zuiveringszout toe. Zet 8-9 uur opzij om te rijzen.
- Vet de muffinvormpjes in. Giet het rijst- en dhal-mengsel erin tot ze halfvol zijn. Stoom gedurende 10-12 minuten.
- Haal de idli eruit. Serveer warm met kokoschutney

Idli Plus

(Gestoomde rijstwafels met kruiden)

Voor 6 personen

ingrediënten

500 g rijst een nacht geweekt

300 g urad dhal*, een nacht laten weken

1 eetlepel zout

¼ theelepel kurkuma

1 eetlepel kristalsuiker

Zout naar smaak

1 eetlepel geraffineerde plantaardige olie

½ theelepel komijnzaad

½ theelepel mosterdzaad

methode

- Zeef de rijst en dhal en maal ze samen.

- Voeg zout toe en laat 8-9 uur rijzen.

- Voeg kurkuma, suiker en zout toe. Meng goed en zet opzij.

- Verhit de olie in een pot. Voeg komijn- en mosterdzaad toe. Laat ze 15 seconden knallen.

- Voeg het rijst- en dhal-mengsel toe. Dek af met een deksel en laat 10 minuten koken.

- Ontdek en roer het mengsel. Dek opnieuw af en kook gedurende 5 minuten.

- Prik de idli in met een vork. Als de vork er schoon uitkomt, is het stationair draaien voltooid.

- Snijd in stukken en serveer warm met kokoschutney

Broodje Masala

Voor 6

ingrediënten

2 theelepels geraffineerde plantaardige olie

1 kleine ui, fijngehakt

¼ theelepel kurkuma

1 grote tomaat, fijngehakt

1 grote aardappel, gekookt en gepureerd

1 eetlepel gekookte erwten

1 theelepel chaat masala_*_

Zout naar smaak

10 g gehakte korianderblaadjes

50 g boter

12 sneetjes brood

methode

- Verhit de olie in een pot. Voeg de ui toe en bak tot hij glazig is.

- Voeg kurkuma en tomaat toe. Bak op middelhoog vuur gedurende 2-3 minuten, al roerend.

- Voeg aardappelen, erwten, chaat masala, zout en korianderblaadjes toe. Meng goed en kook een minuut op laag vuur. Aan de kant zetten.

- Verdeel de boter over de sneetjes brood. Verdeel het groentemengsel over zes plakjes. Bedek met de overige plakjes en gril gedurende 10 minuten. Draai om en gril opnieuw gedurende 5 minuten. Heet opdienen.

Munt-kebab

ingrediënten

10 g muntblaadjes, fijngehakt

500 g geitenkaas, uitgelekt

2 theelepels maïsmeel

10 cashewnoten, grof gehakt

½ theelepel gemalen zwarte peper

1 theelepel amchouri*

Zout naar smaak

Geraffineerde plantaardige olie om te frituren

methode

- Meng alle ingrediënten behalve de olie. Kneed tot je een zacht maar compact deeg verkrijgt. Verdeel ze in 8 balletjes ter grootte van een citroen en plet ze.
- Verhit de olie in een pot. Bak de spiesjes op middelhoog vuur goudbruin.
- Serveer warm met muntchutney

Groente Sevia Upma

(Groente Vermicelli Snack)

Voor 4 personen

ingrediënten

5 eetlepels geraffineerde plantaardige olie

1 grote groene paprika, fijngehakt

¼ theelepel mosterdzaad

2 groene pepers, in de lengte gesneden

200 g vermicelli

8 curryblaadjes

Zout naar smaak

Een snufje asafoetida

50 g sperziebonen, fijngehakt

1 wortel, fijngehakt

50 g diepvrieserwten

1 grote ui, fijngehakt

25 g korianderblaadjes, fijngehakt

Sap van 1 citroen (optioneel)

methode

- Verhit 2 eetlepels olie in een pan. Bak de groene paprika's 2-3 minuten. Aan de kant zetten.

- Verhit in een andere pan 2 eetlepels olie. Voeg mosterdzaad toe. Laat ze 15 seconden knallen.

- Voeg groene pepers en vermicelli toe. Bak 1-2 minuten op middelhoog vuur, af en toe roeren. Voeg curryblaadjes, zout en asafoetida toe.

- Bevochtig met een beetje water en voeg gebakken groene paprika, sperziebonen, wortels, erwten en ui toe. Meng goed en kook 3-4 minuten op middelhoog vuur.

- Dek af met een deksel en kook nog een minuut.

- Bestrooi met korianderblaadjes en citroensap. Serveer warm met kokoschutney

Bhel

(Gepofte rijstsnack)

ingrediënten

2 grote aardappelen, gekookt en in blokjes gesneden

2 grote uien, fijngehakt

125 g geroosterde pinda's

2 eetlepels gemalen komijn, droog geroosterd

300 g/10 oz Bhel-mengsel

Pittige en zoete mangochutney 250g

60 g muntchutney

Zout naar smaak

25 g dunne, gehakte korianderblaadjes

methode

- Meng aardappelen, ui, pinda's en gemalen komijn met het bhelmengsel. Voeg zowel de chutney als het zout toe. Speren mengen.
- Bestrooi met korianderblaadjes. Serveer onmiddellijk.

Sabudana Khichdi

(Sago-snack met aardappelen en pinda's)

Voor 6 personen

ingrediënten

300 gram sago

250 ml water

250 g pinda's, grof gemalen

Zout naar smaak

2 theelepels kristalsuiker

25 g dunne, gehakte korianderblaadjes

2 eetlepels geraffineerde plantaardige olie

1 theelepel komijnzaad

5-6 groene pepers, fijngehakt

100 g gekookte en gehakte aardappelen

methode

- Week de sago een nacht in water. Voeg pinda's, zout, kristalsuiker en korianderblaadjes toe en meng goed. Aan de kant zetten.

- Verhit de olie in een pot. Voeg komijnzaad en groene pepers toe. Bak ongeveer 30 seconden.

- Voeg de aardappelen toe en bak 1-2 minuten op middelhoog vuur.

- Voeg het sagomengsel toe. Meng en meng goed.

- Dek af met een deksel en laat 2-3 minuten sudderen. Heet opdienen.

Simpele Dhokla

(Eenvoudig gestoomd deeg)

Voor 25

ingrediënten

250 g Chana Dhal*, laat een nacht weken en zeef

2 groene pepers

1 theelepel gemberpasta

Een snufje asafoetida

½ theelepel zuiveringszout

Zout naar smaak

2 eetlepels geraffineerde plantaardige olie

½ theelepel mosterdzaad

4-5 curryblaadjes

4 eetlepels verse kokosnoot, geraspt

10 g gehakte korianderblaadjes

methode

- Maal de dhal tot een grove pasta. Laat 6-8 uur fermenteren.

- Voeg groene pepers, gemberpasta, asafoetida, zuiveringszout, zout, 1 eetlepel olie en een beetje water toe. Goed mengen.

- Vet een ronde cakevorm met een diameter van 20 cm in en vul deze met deeg.

- Stoom gedurende 10-12 minuten. Aan de kant zetten.

- Verhit de resterende olie in een pot. Voeg mosterdzaad en curryblaadjes toe. Laat ze 15 seconden knallen.

- Giet over dhoklas. Garneer met kokosblaadjes en koriander. Snijd in stukken en serveer warm.

Aardappel Yaldas

Voor 4 personen

ingrediënten

2 theelepels geraffineerde plantaardige olie

1 theelepel komijnzaad

1 groene chilipeper, gehakt

½ theelepel zwart zout

1 theelepel amchouri*

1 theelepel gemalen koriander

4 grote aardappelen, gekookt en in blokjes gesneden

2 eetlepels gehakte korianderblaadjes

methode

- Verhit de olie in een pot. Voeg het komijnzaad toe en laat 15 seconden knetteren.
- Voeg alle overige ingrediënten toe. Goed mengen. Stoof gedurende 3-4 minuten. Heet opdienen.

Oranje Dhokla

(Gestoomde sinaasappelcake)

Voor 25

ingrediënten

50 g griesmeel

250 g besan*

250 ml zure room

Zout naar smaak

100 ml water

4 teentjes knoflook

1 cm gemberwortel

3-4 groene pepers

100 g geraspte wortel

¾ theelepel zuiveringszout

¼ theelepel kurkuma

Geraffineerde plantaardige olie voor smering

1 theelepel mosterdzaad

10-12 curryblaadjes

50 g kokosvlokken

25 g korianderblaadjes, fijngehakt

methode

- Meng griesmeel, besan, room, zout en water. Zet opzij om een nacht te rijzen.

- Maal de knoflook, gember en chili samen.

- Voeg wortels, zuiveringszout en kurkuma toe aan het gefermenteerde deeg. Goed mengen.

- Vet een rond cakeblik met een diameter van 20 cm in met een beetje olie. Giet het deeg erin. Stoom ongeveer 20 minuten. Laat afkoelen en snij in stukken.

- Verhit wat olie in een pot. Voeg mosterdzaad en curryblaadjes toe. Bak ze gedurende 30 seconden. Giet het over de dhokla-stukjes.

- Garneer met kokosblaadjes en koriander. Heet opdienen.

Koolmuthia

(Gestoomde koolkroketten)

Voor 4 personen

ingrediënten

250 g volkorenmeel

100 g gehakte kool

½ theelepel gemberpasta

½ theelepel knoflookpasta

Zout naar smaak

2 theelepels suiker

1 eetlepel citroensap

2 eetlepels geraffineerde plantaardige olie

1 theelepel mosterdzaad

1 eetlepel gehakte korianderblaadjes

methode

- Meng bloem, kool, gemberpasta, knoflookpasta, zout, suiker, citroensap en 1 eetlepel olie. Kneed tot je een elastisch deeg krijgt.

- Vorm 2 lange sandwiches van het deeg. Stoom gedurende 15 minuten. Laat afkoelen en snijd in plakjes. Aan de kant zetten.

- Verhit de resterende olie in een pot. Voeg mosterdzaad toe. Laat ze 15 seconden knallen.

- Voeg de gehakte broodjes toe en bak op middelhoog vuur goudbruin. Garneer met korianderblaadjes en serveer warm.

Rava Dhokla

(Gestoomde griesmeelcake)

Opbrengst 15-18

ingrediënten

200 g griesmeel

240 ml zure room

2 theelepels groene chili

Zout naar smaak

1 theelepel rode chilipoeder

1 theelepel gemalen zwarte peper

methode

- Meng griesmeel en room samen. Fermenteren gedurende 5-6 uur.
- Voeg groene pepers en zout toe. Goed mengen.
- Doe het griesmeelmengsel in een rond bakblik met een diameter van 20 cm. Bestrooi met chili en peper. Stoom gedurende 10 minuten.
- Snijd in stukken en serveer warm met muntchutney

Chapati Upma

(Snelle chapatti-snack)

Voor 4 personen

ingrediënten

6 overgebleven chapati's, in kleine stukjes gebroken

2 eetlepels geraffineerde plantaardige olie

¼ theelepel mosterdzaad

10-12 curryblaadjes

1 middelgrote ui, gehakt

2-3 groene pepers, fijngehakt

¼ theelepel kurkuma

Sap van 1 citroen

1 theelepel suiker

Zout naar smaak

10 g gehakte korianderblaadjes

methode

- Verhit de olie in een pot. Voeg mosterdzaad toe. Laat ze 15 seconden knallen.

- Voeg curryblaadjes, ui, chili en kurkuma toe. Bak op middelhoog vuur tot de ui lichtbruin wordt. Chapati toevoegen.

- Bestrooi met citroensap, suiker en zout. Meng goed en kook op middelhoog vuur gedurende 5 minuten. Garneer met korianderblaadjes en serveer warm.

Mung Dhokla

(Gestoomde Mungcake)

Het is ongeveer 20.00 uur

ingrediënten

250 g mung dhal*, 2 uur laten weken

150 ml zure room

2 eetlepels water

Zout naar smaak

2 geraspte wortels of 25 g geraspte kool

methode

- Zeef de dhal en maal hem fijn.
- Voeg room en water toe en laat 6 uur fermenteren. Voeg zout toe en meng goed tot een deeg.
- Vet een ronde vorm met een diameter van 20 cm in en giet het deeg erin. Bestrooi met wortels of kool. Stoom gedurende 7-10 minuten.
- Snijd in stukken en serveer met muntchutney

Mughlai-vleeskotelet

(rijke vleeskotelet)

Voor 12

ingrediënten

1 theelepel gemberpasta

1 theelepel knoflookpasta

Zout naar smaak

500 g lamsvlees zonder botten, gehakt

240 ml water

1 eetlepel gemalen komijn

¼ theelepel kurkuma

Geraffineerde plantaardige olie om te frituren

2 losgeklopte eieren

50 g paneermeel

methode

- Meng gemberpasta, knoflookpasta en zout. Marineer het lamsvlees gedurende 2 uur in dit mengsel.

- Kook het lamsvlees in een pan met water op middelhoog vuur gaar. Bewaar de bouillon en zet het lamsvlees opzij.

- Voeg komijn en kurkuma toe aan de bouillon. Goed mengen.

- Giet de bouillon in een pan en laat op laag vuur koken tot het water verdampt is. Marineer het lamsvlees opnieuw in dit mengsel gedurende 30 minuten.

- Verhit de olie in een pot. Dompel elk stuk lamsvlees in het losgeklopte ei, haal het door paneermeel en bak het goudbruin. Heet opdienen.

Masala Vada

(Pittig gebakken dumpling)

Voor 15

ingrediënten

Chana Dhal 300 g/10 oz*, dompel gedurende 3-4 uur onder in 500 ml water

50 g ui, fijngehakt

25 g dunne, gehakte korianderblaadjes

25 g dunne dilleblaadjes, fijngehakt

½ theelepel komijnzaad

Zout naar smaak

3 eetlepels geraffineerde plantaardige olie, plus extra om te frituren

methode

- Maal de dhal grof. Meng met alle ingrediënten behalve olie.
- Voeg 3 eetlepels olie toe aan het dhal-mengsel. Maak ronde, platte gehaktballetjes.
- Verhit de resterende olie in een pan met antiaanbaklaag. Bak de gehaktballetjes. Heet opdienen.

Chivda-kool

(Kool- en rijstsnack)

Voor 4 personen

ingrediënten

100 g kool, fijngehakt

Zout naar smaak

3 eetlepels geraffineerde plantaardige olie

125 g pinda's

150 g Chana Dhal*, vijf

1 theelepel mosterdzaad

Een snufje asafoetida

200 g poha*, gedrenkt in water

1 theelepel gemberpasta

4 theelepels suiker

1 ½ eetlepel citroensap

25 g dunne, gehakte korianderblaadjes

methode

- Meng de kool met zout en laat 10 minuten staan.

- Verhit 1 eetlepel olie in een pan met antiaanbaklaag. Bak de pinda's en chana dhal gedurende 2 minuten op middelhoog vuur. Zeef en zet opzij.

- Verhit de resterende olie in een pan met antiaanbaklaag. Bak het mosterdzaad, asafoetida en kool gedurende 2 minuten. Giet een beetje water, dek af met een deksel en laat 5 minuten sudderen. Voeg poha, gemberpasta, suiker, citroensap en zout toe. Meng goed en kook gedurende 10 minuten.

- Garneer met korianderblaadjes, gebakken pinda's en dhal. Heet opdienen.

Besan Bhajji-brood

(Snack van brood en grammeel)

Voor 32

ingrediënten

175g / 6oz Besan*

1250 ml water

½ theelepel ajowanzaden

Zout naar smaak

Geraffineerde plantaardige olie om te frituren

8 sneetjes brood, gehalveerd

methode

- Maak een dik deeg door besan met water te mengen. Voeg ajowanzaden en zout toe. Klop goed.
- Verhit de olie in een pan met antiaanbaklaag. Doop de stukjes brood in het deeg en bak ze goudbruin. Heet opdienen.

Methi Seekh Kebab

(Mintspiesje met fenegriekblaadjes)

Efficiëntie 8-10

ingrediënten

100 g gehakte fenegriekbladeren

3 grote aardappelen, gekookt en gepureerd

1 theelepel gemberpasta

1 theelepel knoflookpasta

4 groene pepers, fijngehakt

1 theelepel gemalen komijn

1 theelepel gemalen koriander

½ theelepel garam masala

Zout naar smaak

2 eetlepels paneermeel

Geraffineerde plantaardige olie om te gieten

methode

- Meng alle ingrediënten behalve de olie. Vorm gehaktballetjes.

- Rijg de spiesjes aan de draad en bak ze op een houtskoolgrill, bestrijk ze met olie en draai ze af en toe. Heet opdienen.

Jhinga Hariyala

(Groene Garnalen)

Voor 20

ingrediënten

Zout naar smaak

Sap van 1 citroen

20 garnalen, gepeld en gepeld (staart behouden)

75 g muntblaadjes, fijngehakt

75 g gehakte korianderblaadjes

1 theelepel gemberpasta

1 theelepel knoflookpasta

Een snufje garam masala

1 eetlepel geraffineerde plantaardige olie

1 kleine ui, in plakjes gesneden

methode

- Wrijf de garnalen in met zout en citroensap. Zet 20 minuten opzij.

- Maal 50 g muntblaadjes, 50 g korianderblaadjes, gemberpasta, knoflookpasta en garam masala fijn.

- Voeg toe aan de garnalen en laat 30 minuten staan. Druppel olie erover.

- Rijg de garnalen aan spiesjes en bak ze op een houtskoolgrill, af en toe kerend.

- Garneer met de overgebleven koriander- en muntblaadjes en gesneden ui. Heet opdienen.

Methi Adai

(Pannenkoek met fenegriek)

Het is 20.00 - 22.00 uur

ingrediënten

100 g rijst

100 gram urad dhal*

100 g mung dhal*

100 g Chana Dhal*

100 g dhalmasoor*

Een snufje asafoetida

6-7 curryblaadjes

Zout naar smaak

50 g verse fenegriekblaadjes, gehakt

Geraffineerde plantaardige olie voor smering

methode

- Week de rijst en dhal samen gedurende 3-4 uur.
- Zeef de rijst en dhal, voeg asafoetida, curryblaadjes en zout toe. Maal het grof en laat het 7 uur rijzen. Voeg fenegriekblaadjes toe.
- Vet de pan in en verwarm deze. Voeg een lepel van het gefermenteerde mengsel toe en verspreid tot er een pannenkoek ontstaat. Giet een beetje olie rond de randen en bak op middelhoog vuur gedurende 3-4 minuten. Draai om en kook nog 2 minuten.
- Herhaal dit voor de rest van het deeg. Serveer warm met kokoschutney

Erwt Chaat

ingrediënten

2 theelepels geraffineerde plantaardige olie

½ theelepel komijnzaad

300 g erwten uit blik

½ theelepel amchoor*

¼ theelepel kurkuma

¼ theelepel garam masala

1 theelepel citroensap

5 cm gemberwortel, geschild en in julienne gesneden

methode

- Verhit de olie in een pot. Voeg het komijnzaad toe en laat 15 seconden knetteren. Voeg erwten, amboor, kurkuma en garam masala toe. Meng goed en bak 2-3 minuten, af en toe roeren.
- Garneer met citroensap en gember. Heet opdienen.

Shingada

(pikant Bengaals)

Efficiëntie 8-10

ingrediënten

2 eetlepels geraffineerde plantaardige olie, plus extra om te frituren

1 theelepel komijnzaad

200 g gekookte erwten

2 aardappelen, gekookt en gehakt

1 theelepel gemalen koriander

Zout naar smaak

Op de taart:

350 g gewone witte bloem

¼ theelepel zout

Wat water

methode

- Verhit 2 eetlepels olie in een pan. Voeg komijnzaad toe. Laat ze 15 seconden knallen. Voeg erwten, aardappelen, gemalen koriander en zout toe. Meng goed en bak op middelhoog vuur gedurende 5 minuten. Aan de kant zetten.

- Vorm kegels van de deegingrediënten, zoals in het recept voor aardappelsamosa. Vul de kegels met het groentemengsel en sluit ze.

- Verhit de resterende olie in een pan met antiaanbaklaag. Bak de kegels op middelhoog vuur goudbruin. Serveer warm met muntchutney

Ui Bhajia

(Uienkoekjes)

Voor 20

ingrediënten

250 g besan*

4 grote uien, in dunne plakjes gesneden

Zout naar smaak

½ theelepel kurkuma

150 ml water

Geraffineerde plantaardige olie om te frituren

methode

- Meng bonen, ui, zout en kurkuma. Voeg water toe en meng goed.
- Verhit de olie in een pan met antiaanbaklaag. Voeg lepels van het mengsel toe en bak tot ze goudbruin zijn. Laat uitlekken op absorberend papier en serveer warm.

Bagani Murgh

(Kip in Cashewpasta)

Voor 12

ingrediënten

500 g kip zonder bot, in blokjes gesneden

1 kleine ui, in plakjes gesneden

1 tomaat, in plakjes gesneden

1 komkommer, in plakjes gesneden

1 theelepel gemberpasta

1 theelepel knoflookpasta

2 groene pepers, fijngehakt

10 g muntblaadjes, gemalen

10 g korianderblaadjes, gemalen

Zout naar smaak

Voor de marinade:

6-7 cashewnoten gemalen tot een pasta

2 eetlepels vloeibare room

methode

- Meng de marinade-ingrediënten. Marineer de kip 4-5 uur in dit mengsel.

- Rijg de spiesjes in en bak ze op een houtskoolgrill, af en toe kerend.

- Garneer met ui, tomaat en komkommer. Heet opdienen.

Aardappel Tikki

(Aardappel Gehaktballetjes)

Voor 12

ingrediënten

4 grote aardappelen, gekookt en gepureerd

1 theelepel gemberpasta

1 theelepel knoflookpasta

Sap van 1 citroen

1 grote ui, fijngehakt

25 g dunne, gehakte korianderblaadjes

¼ theelepel chilipoeder

Zout naar smaak

2 eetlepels rijstmeel

3 eetlepels geraffineerde plantaardige olie

methode

- Meng de aardappelen met gemberpasta, knoflookpasta, citroensap, ui, korianderblaadjes, chilipoeder en zout. Goed mengen. Vorm gehaktballetjes.

- Bestrooi de gehaktballetjes met rijstmeel.

- Verhit de olie in een pan met antiaanbaklaag. Bak de gehaktballetjes op middelhoog vuur goudbruin. Zeef en serveer warm met muntchutney.

Zoete aardappel Go

(Gebakken aardappelknoedels in deeg)

Geeft 12-14

ingrediënten

1 theelepel geraffineerde plantaardige olie, plus extra om te frituren

½ theelepel mosterdzaad

½ theelepel urad dhal*

½ theelepel kurkuma

5 aardappelen, gekookt en gepureerd

Zout naar smaak

Sap van 1 citroen

250 g besan*

Een snufje asafoetida

120 ml water

methode

- Verhit 1 theelepel olie in een pan met antiaanbaklaag. Voeg mosterdzaad, urad dhal en kurkuma toe. Laat ze 15 seconden knallen.

- Giet over de aardappelen. Voeg ook zout en citroensap toe. Goed mengen.

- Verdeel het aardappelmengsel in gehaktballetjes ter grootte van een walnoot. Aan de kant zetten.

- Meng besan, asafoetida, zout en water om het deeg te bereiden.

- Verhit de resterende olie in een pan met antiaanbaklaag. Doop de aardappelballetjes in het beslag en bak ze goudbruin. Giet af en serveer met muntchutney.

Mini-kipkebabs

ingrediënten

350 g kip, gehakt

125 g Besan*

1 grote ui, fijngehakt

½ theelepel gemberpasta

½ theelepel knoflookpasta

1 theelepel citroensap

¼ theelepel groen kardemompoeder

1 eetlepel gehakte korianderblaadjes

Zout naar smaak

1 eetlepel sesamzaad

methode

- Meng alle ingrediënten behalve sesamzaadjes.
- Verdeel het mengsel in balletjes en bestrooi met sesamzaadjes.
- Bak gedurende 25 minuten op 190°C (375°F, gasstand 5). Serveer warm met muntchutney.

Linzen Rissole

Voor 12

ingrediënten

2 eetlepels geraffineerde plantaardige olie, plus extra om te frituren

2 kleine uien, fijngehakt

2 wortels, fijngehakt

600 g masoor dhal*

500 ml water

2 eetlepels gemalen koriander

Zout naar smaak

25 g dunne, gehakte korianderblaadjes

100 g paneermeel

2 eetlepels natuurlijke witte bloem

1 ei, losgeklopt

methode

- Verhit 1 eetlepel olie in een pan met antiaanbaklaag. Voeg de ui en wortel toe en kook op middelhoog vuur gedurende 2-3 minuten, onder regelmatig roeren. Voeg masoor dhal, water, gemalen koriander en zout toe. Laat 30 minuten sudderen, al roerend.

- Voeg de korianderblaadjes en de helft van het broodkruim toe. Goed mengen.

- Vorm worstjes en bedek ze met bloem. Haal de gehaktballetjes door het losgeklopte ei en haal ze door het resterende paneermeel. Aan de kant zetten.

- Verhit de resterende olie. Bak de gehaktballetjes goudbruin en keer ze één keer om. Serveer warm met groene kokoschutney.

Voedende poha

ingrediënten

1 eetlepel geraffineerde plantaardige olie

125 g pinda's

1 ui, fijngehakt

¼ theelepel kurkuma

Zout naar smaak

1 aardappel, gekookt en gehakt

200 g poha*, laat 5 minuten weken en laat uitlekken

1 theelepel citroensap

1 eetlepel gehakte korianderblaadjes

methode

- Verhit de olie in een pot. Fruit de pinda's, ui, kurkuma en zout op middelhoog vuur gedurende 2-3 minuten.
- Voeg aardappel en poha toe. Bak op laag vuur tot een gladde massa.
- Garneer met citroensap en korianderblaadjes. Heet opdienen.

Gewone bonen

(Bonen in pikante saus)

Voor 4 personen

ingrediënten

300 g masoor dhal*, gedurende 20 minuten in heet water geweekt

¼ theelepel kurkuma

Zout naar smaak

50 g sperziebonen, fijngehakt

240 ml water

1 eetlepel geraffineerde plantaardige olie

¼ theelepel mosterdzaad

Een paar curryblaadjes

Zout naar smaak

methode

- Meng dhal, kurkuma en zout. Maal tot een grove pasta.
- Stoom gedurende 20-25 minuten. Zet opzij om af te koelen gedurende 20 minuten. Verdeel het mengsel met je vingers. Aan de kant zetten.
- Kook de sperziebonen in een pan op middelhoog vuur met water en een snufje zout tot ze zacht zijn. Aan de kant zetten.
- Verhit de olie in een pot. Voeg mosterdzaad toe. Laat ze 15 seconden knallen. Voeg curryblaadjes en gemalen dhal toe.
- Bak ongeveer 3-4 minuten op middelhoog vuur tot ze zacht zijn. Voeg gekookte bonen toe en meng goed. Heet opdienen.

Chutney Pakoda-brood

Voor 4 personen

ingrediënten

250 g besan*

150 ml water

½ theelepel ajowanzaden

125 g muntchutney

12 sneetjes brood

Geraffineerde plantaardige olie om te frituren

methode

- Meng de besan met water zodat het deeg de consistentie heeft van een pannenkoekenmix. Voeg ajowanzaden toe en meng licht. Aan de kant zetten.

- Verdeel de muntmosterd over een sneetje brood en leg er nog een sneetje brood bovenop. Herhaal deze stap voor alle sneetjes brood. Snij ze diagonaal doormidden.

- Verhit de olie in een pan met antiaanbaklaag. Dompel de broodjes in het beslag en bak ze op middelhoog vuur goudbruin. Serveer warm met ketchup.

Methi Khakra-verrukking

(Snack met fenegriek)

Voor 16

ingrediënten

50 g verse fenegriekblaadjes, fijngehakt

300 g volkorenmeel

1 theelepel chilipoeder

¼ theelepel kurkuma

½ theelepel gemalen koriander

1 eetlepel geraffineerde plantaardige olie

Zout naar smaak

120 ml water

methode

- Meng alle ingrediënten door elkaar. Kneed tot je een zacht maar compact deeg verkrijgt.
- Verdeel het deeg in 16 balletjes ter grootte van een citroen. Rol ze uit tot hele dunne schijfjes.
- Verhit een platte koekenpan. Leg de ringen op een platte pan en bak ze knapperig. Herhaal voor de andere kant. Bewaren in een luchtdichte verpakking.

Groene kotelet

ingrediënten

200 g spinazie, fijngehakt

4 aardappelen, gekookt en gemengd

200 g mung dhal*, gekookt en gepureerd

25 g dunne, gehakte korianderblaadjes

2 groene pepers, fijngehakt

1 theelepel garam masala

1 grote ui, fijngehakt

Zout naar smaak

1 theelepel knoflookpasta

1 theelepel gemberpasta

Geraffineerde plantaardige olie om te frituren

250 g paneermeel

methode

- Meng spinazie en aardappelen door elkaar. Voeg mung dhal, korianderblaadjes, groene pepers, garam masala, ui, zout, knoflookpasta en gemberpasta toe. Goed mengen.

- Verdeel het mengsel in porties ter grootte van een walnoot en vorm van elke portie koteletten.

- Verhit de olie in een pan met antiaanbaklaag. Haal de schnitzels door paneermeel en bak ze goudbruin. Heet opdienen.

Handwo

(Pittige griesmeelcake)

Voor 4 personen

ingrediënten

100 g griesmeel

125 g Besan*

200 g yoghurt

25 g/zeer kleine pompoen in een fles van 1 oz, geraspt

1 wortel, geraspt

25 g groene erwten

½ theelepel kurkuma

½ theelepel chilipoeder

½ theelepel gemberpasta

½ theelepel knoflookpasta

1 groene chilipeper, fijngehakt

Zout naar smaak

Een snufje asafoetida

½ theelepel zuiveringszout

4 eetlepels geraffineerde plantaardige olie

¾ theelepel mosterdzaad

½ theelepel sesamzaad

methode

- Meng griesmeel, besan en yoghurt in een pot. Voeg geraspte pompoen, wortel en erwten toe.

- Voeg kurkuma, chilipoeder, gemberpasta, knoflookpasta, groene chili, zout en asafoetida toe om het deeg te bereiden. Het moet de consistentie van cakedeeg hebben. Als dit niet het geval is, voeg dan een paar eetlepels water toe.

- Voeg zuiveringszout toe en meng goed. Aan de kant zetten.

- Verhit de olie in een pot. Voeg mosterd en sesamzaad toe. Laat ze 15 seconden knallen.

- Giet het deeg in de pot. Dek af met een deksel en laat 10-12 minuten sudderen.

- Ontdek de cake en draai hem voorzichtig om met een spatel. Dek opnieuw af en laat nog eens 15 minuten sudderen.

- Prik er met een vork in om te controleren of hij gaar is. Na het koken komt de vork er schoon uit. Heet opdienen.

Ghugra

(Mezzaluna met pittige groentetoevoegingen)

Voor 4 personen

ingrediënten

5 eetlepels geraffineerde plantaardige olie, plus extra om te frituren

Een snufje asafoetida

400 g ingeblikte, gemalen erwten

250 ml water

Zout naar smaak

5 cm gemberwortel, fijngehakt

2 theelepels citroensap

1 eetlepel gehakte korianderblaadjes

350 g volkorenmeel

methode

- Verhit 2 eetlepels olie in een pan. Asafoetida toevoegen. Voeg als ze knappen de erwten en 120 ml water toe. Kook op middelhoog vuur gedurende 3 minuten.

- Voeg zout, gember en citroensap toe. Meng goed en kook nog 5 minuten. Bestrooi met korianderblaadjes en zet opzij.

- Meng de bloem met zout, het resterende water en 3 eetlepels olie. Verdeel ze in balletjes en rol ze uit tot ronde schijven met een diameter van 10 cm.

- Doe op elke schijf een beetje van het erwtenmengsel, zodat de helft van de schijf bedekt is met het mengsel. Vouw de andere helft zodat de letter "D" ontstaat. Sluit af door de randen tegen elkaar te drukken.

- Verwarm de olie. Bak de ghugras op middelhoog vuur goudbruin. Heet opdienen.

Bananen Kebab

Voor 20

ingrediënten

6 groene bananen

1 theelepel gemberpasta

250 g besan*

25 g dunne, gehakte korianderblaadjes

½ theelepel chilipoeder

1 theelepel amchouri*

Sap van 1 citroen

Zout naar smaak

240 ml geraffineerde plantaardige olie voor ondiep frituren

methode

- Kook bananen in de schil gedurende 10-15 minuten. Giet af en schil.

- Meng met de overige ingrediënten behalve olie. Vorm gehaktballetjes.

- Verhit de olie in een pan met antiaanbaklaag. Bak de gehaktballetjes goudbruin. Heet opdienen.

Milton Keynes UK
Ingram Content Group UK Ltd.
UKHW020924231123
433129UK00016B/1013